Jürgen Gamweger, Oliver Jöbstl, Björn Ludwig, Thomas Schneeberger

MAGIC Leadership – Erfolgreich Führen im Komplexen

Die Top 10 Führungswerkzeuge

Aus der Buchserie der successfactory „move to improve"

Illustration: Michael Ley
Umschlaggestaltung: Marion Rabko
Lektorat / Korrektorat: Andrea Gamweger
Sponsor: successfactory management coaching gmbh

Druck und Vertrieb im Auftrag von Gamweger/Jöbstl/Ludwig/Schneeberger
Buchschmiede von Dataform Media GmbH, Wien
www.buchschmiede.at - Folge deinem Buchgefühl!

Besuche successfactory online: www.successfactory.cc

ISBN:
978-3-99152-718-3 (Softcover)
978-3-99139-863-9 (Hardcover)

Der besseren Lesbarkeit wegen und um den Lesefluss nicht zu beeinträchtigen, wird ausschließlich die männliche Form verwendet.

Vorwort

Globalisierung und Digitalisierung haben dazu geführt, dass Wettbewerbssituationen umfassender, weniger vorhersagbar und undurchschaubarer sind als noch vor wenigen Jahrzehnten und dass Entscheidungszyklen immer weniger wiederholbar sind und kurzfristiger verfügbar sein müssen.

Die Unternehmensführung ist hiervon nicht ausgenommen, ganz egal auf welcher Ebene. Aus eigener, jahrelanger Erfahrung weiß ich, dass es immer irgendwo etwas zu entscheiden gibt, eine fachkundige Mitarbeit nötig ist, es eine Schulter zum Anlehnen braucht oder eine explosive Situation so schnell als möglich entschärft werden muss. Und dass es leider keine Garantie gibt, dass die Lösung von gestern heute noch gültig ist oder dass sie in einem anderen Unternehmensbereich gleichsam umgesetzt werden kann. Ganz zu schweigen davon, dass es keineswegs gewährleistet ist, dass der eingeschlagene Lösungsweg zum erwünschten Ergebnis führt oder es sich nicht plötzlich herausstellt, dass er unliebsame Nebeneffekte nach sich zieht, die man zuvor nicht annähernd am Radar hatte.

Kurzum: Führung ist zu einer Permanentaufgabe geworden, bei der die Ansätze von gestern heutzutage bei weitem nicht mehr ausreichen können und oftmals völlig neu gedacht werden müssen. Eine Aufgabe, die entweder unendlich frustrierend und belastend sein kann oder im besten Sinne herausfordernd und persönlich bereichernd; je nachdem, ob man dafür geschaffen ist, die nötige Erfahrung und das nötige Werkzeug mitbringt - oder eben nicht.

Damit letzteres der Fall ist und nicht ersteres, ist diesem Buch eine sehr breite Leserschaft zu wünschen. Der dargestellte Ansatz ist umfassend und die beschriebenen Werkzeuge sind auf Basis jahrelanger Erfahrung der Autoren zielgerichtet und punktgenau empfohlen. Darüber hinaus ist es mit sehr unterhaltsamen Praxisbeispielen angereichert und so einfach und klar geschrieben, dass mit großer Sicherheit jeder Leser wertvolle neue Erkenntnisse aus der Lektüre ziehen kann. Ich selbst war hier keine Ausnahme.

In diesem Sinne: Viel Spaß beim Lesen und viel Erfolg beim Umsetzen!

Dr. Jochen Sagadin
CEO Vamed Mediterra, v.s.

Inhaltsverzeichnis

Warum dieses Buch?

Das Umfeld, in dem sich Unternehmen und damit auch Führungskräfte aktuell befinden, verändert sich viel häufiger, umfassender und rascher, als wir es in der Vergangenheit gewohnt waren. Beispielsweise tauchen durch digitale Möglichkeiten immer schneller neue Wettbewerber auf, die ihrerseits auf Kunden treffen, die verstärkt individuelle Nischenprodukte bevorzugen.

Dadurch werden zukünftige Marktentwicklungen viel schlechter prognostizierbar, Ursache und Wirkungen sind kaum durchschaubar und Probleme tauchen scheinbar aus dem Nichts auf. Somit steigt die Komplexität für Führungskräfte und die unternehmerische Unsicherheit nimmt zu.

Führungsaufgaben müssen überdacht und angepasst werden. Führung erhält einen noch größeren Stellenwert, wird aber auch um ein Vielfaches herausfordernder. Insbesondere verlangt der Umgang mit Komplexität einen neuen Führungsstil, der gelernt sein will.

Nachdem wir Autoren die Möglichkeit hatten, im letzten Jahrzehnt weltweit tausende Führungskräfte im Umgang mit den aktuellen Führungsherausforderungen zu trainieren, zu beraten und zu begleiten, haben uns die zunehmenden Fragen unserer Kunden den großen Bedarf an konkreten Hilfestellungen für die erwähnten Herausforderungen aufgezeigt. So haben wir uns entschlossen, die aus unserer Sicht wertvollsten Werkzeuge und Erfolgsfaktoren, die unabhängig vom jeweiligen kulturellen Hintergrund funktionieren, in kompakter Form zusammenzufassen.

Was verstehen wir unter Komplexität?

Der Begriff Komplexität wird im Sprachgebrauch nicht unbedingt so verwendet, wie es in der entsprechenden Literatur üblich ist. Beispielsweise werden in der alltäglichen Sprache die Begriffe „kompliziert" und „komplex" zum Teil synonym, auf jeden Fall aber uneinheitlich verwendet. Zum besseren Verständnis unserer Ausarbeitungen möchten wir die Begriffe Komplexität und Kompliziertheit deutlich voneinander unterscheiden.

In komplexen Systemen sind die Wechselwirkungen in der Regel nichtlinear und zeitabhängig und Einflüsse sind mit anderen Einflüssen gekoppelt. Geringfügige Änderungen können unverhältnismäßig große Folgen haben. Die

Systeme sind hochdynamisch, das Ganze ist mehr als die Summe seiner Teile. Demnach können in komplexen Systemen Ursache-Wirkungsbeziehungen nicht im Vorhinein analysiert, sondern erst im Nachhinein festgestellt werden. Wir können sagen: wir wissen nicht, was wir nicht wissen. Daher ist es möglich, dass wir Dinge übersehen, Entwicklungen nicht wahrnehmen und Komplexitätstreiber nicht rechtzeitig erkennen.

Im Gegensatz dazu ist es in komplizierten Systemen nach einer gründlichen Analyse möglich, die Ursache-Wirkungsbeziehungen zu ergründen und damit das zukünftige Systemverhalten zu prognostizieren. Für komplizierte Systeme gilt: Ich weiß, was ich nicht weiß. Daher kann ich fragen und es in Erfahrung bringen.

Soziale Systeme, in denen Menschen miteinander agieren, sind zumeist komplex: Menschen können beispielsweise mehrere Identitäten haben und unbewusst fließend zwischen ihnen wechseln: so kann eine Person ein respektiertes Mitglied der Gemeinschaft sowie auch gleichzeitig in anderen Bereichen radikalisiert sein. Des Weiteren treffen Menschen oftmals Entscheidungen auf der Grundlage vergangener Erfolgs- oder Misserfolgsmuster und nicht auf der Basis von logischen, definierbaren Regeln.

Eine bestimmte interne Komplexität von Organisationen ist notwendig, um die externe Komplexität der Umwelt bei der Leistungserbringung im Unternehmen hinreichend abzubilden. Eine zu große Komplexität ist jedoch zu vermeiden oder zu reduzieren. Wenn dies nicht möglich ist, muss sie zumindest beherrscht werden.

Für die Zunahme der externen Komplexität sind momentan eine Vielzahl von Komplexitätstreibern wie beispielsweise digitaler Wandel, Generation Z und Nachhaltigkeit/Sustainability verantwortlich. Auf das Thema Digitalisierung wollen wir als Beispiel im Folgenden näher eingehen.

Komplexitätstreiber Digitalisierung

Führungskräfte können sich im digitalen Zeitalter immer weniger auf vergangenen Erfolgen ausruhen, weil die Verwertungspotenziale durch digitale Technologien einerseits sogar bereits kleine Unternehmen zu schnellem Wachstum führen können, andererseits aber das Nicht-Nutzen auch große Unternehmen sehr rasch in Bedrängnis bringen kann.

Führungskräfte müssen noch stärker als bisher den Markt und auch die digitalen Technologien beobachten. Aufgrund der Dynamik im Umfeld muss ständig neues Wissen aufgebaut werden und es braucht Experten. Führungskräfte müssen lernen, Spezialisten zu führen, die sich im Fachbereich deutlich besser auskennen als sie selbst – beispielsweise indem sie die Coaching-Rolle einnehmen.

Führungskräfte müssen eine Innovationskultur im Unternehmen schaffen. Um in zunehmenden digitalisierten Märkten erfolgreich zu sein, ist es notwendig, auch etablierte Erfolgsmodelle zu hinterfragen und verstärkt neue Geschäftsmodelle sowie neue digitale Lösungen und Services zu entwickeln.

Kunden- und Mitarbeiterorientierung müssen als gleichbedeutende Bausteine etabliert werden. Durch die digitalen Möglichkeiten, wie beispielsweise Social Media, nehmen Transparenz und Vergleichsmöglichkeiten zu. Damit steigt die Wechselbereitschaft der Kunden, aber auch die der Mitarbeitenden. Führungskräfte müssen daher neben guter Bezahlung besonders auch ein inspirierendes Arbeitsumfeld bieten und den Sinn von Aufgaben vermitteln können.

Führungskräfte müssen lernen, öfter und früher Entscheidungen zu treffen. Durch die Vielfältigkeit der digital verfügbaren Informationen stehen den Führungskräften jedoch immer mehr Daten zu Verfügung, deren Echtheit immer weniger überprüfbar wird. Daher müssen sie Datenkompetenz entwickeln, das heißt sie müssen lernen, welche Daten vertrauenswürdig sind.

Erfolgsfaktoren der Führung im Komplexen

Führung im Komplexen ist nie gleich, sondern immer anders. Es gibt keine Rezepte, sondern nur Erfolgsfaktoren, an denen sich Führungskräfte orientieren können und die für die jeweilige Situation interpretiert werden müssen. Wir haben die aus unserer Sicht wichtigsten Erfolgsfaktoren zusammengetragen, die wir nachfolgend näher erläutern wollen.

Führungskräfte sind achtsam und in ihrer Mitte

Im komplexen Umfeld sind Führungskräfte großen Belastungen ausgesetzt, weil Situationen schwer einschätzbar sind und sich ständig ändern. Es müssen schwierige Entscheidungen getroffen werden, die Klarheit und Übersicht benötigen. Je mehr sich Führungskräfte in ihrer Mitte befinden, desto besser können sie mit den komplexen Entscheidungssituationen umgehen. Persönliche Eigenschaften wie Klarheit, Achtsamkeit, Konsistenz, Authentizität, Offenheit, Resilienz oder eigenes Standing sind hier besonders wichtig. Hilfreich ist es, wenn Führungskräfte sich ihrer selbst bewusst sind und authentisch damit umgehen können.

Iterative Vorgehensweise

Im komplexen Umfeld kann nicht im Vorhinein festgestellt werden, ob die gewählte Vorgehensweise die richtige ist. Daher führt nicht die Analyse zum Erfolg, sondern es muss gezielt Systemfeedback generiert, das heißt ausprobiert und getestet werden, ob die Vorgehensweise zielführend ist. Kleine, wohl geplante gekapselte Experimente mit schnellem und systematischem Feedback führen zum Erfolg. Das schnelle Lernen muss im Vordergrund stehen.

Gute Verbindung der Mitarbeitenden

Im komplexen Umfeld ist schnell auf Veränderungen zu reagieren. Dazu muss die Kommunikation gut funktionieren, um das Ganze im Blick behalten zu können, das heißt, es müssen möglichst viele gut funktionierende Kommunikationskanäle zur Verfügung stehen und auch genutzt werden. Dies erfordert eine gute Vernetzung der Mitarbeitenden und das Denken in Systemen.

Sind Menschen ausreichend miteinander verbunden, werden sie auch in kritischen Situationen in der Lage sein, gut miteinander umzugehen und Probleme zu lösen. Gut verbundene Menschen sind leistungsfähiger und bereit, sich für das große Ganze einzusetzen.

Risiko- und chancenbasiertes Entscheiden - Denken in Optionen

Im Komplexen sind Entscheidungen immer mit Risiko behaftet – es gibt keine absolute Sicherheit. Es gilt daher, Risiken und Chancen abzuwägen, und basierend auf wohl dokumentierten Annahmen zu entscheiden. Diese Annahmen müssen regelmäßig überprüft werden. Im besten Fall hat man Szenarien erarbeitet, wodurch man auf alternative Lösungen zurückgreifen kann. Um mit der Unsicherheit umzugehen, sollte man sich eher spät eingrenzen, um sich noch möglichst viele Optionen offen zu halten.

Einfache Lösungen finden

Gerade im komplexen Umfeld ist es wichtig, die Komplexität nicht noch weiter zu erhöhen, indem zu komplexe Lösungen ausgewählt werden. Die Aufgabe der Führungskräfte besteht somit darin, Lösungen dahingehend zu hinterfragen, ob eine Vereinfachung möglich ist. Sich auf das Notwendige zu reduzieren ist harte Arbeit und heißt, sich nicht mit der erstbesten Lösung zufrieden zu geben. Andererseits ist aber auch eine zu starke Simplifizierung zu vermeiden.

Für Mitarbeitende bewusst Sicherheitszonen schaffen

Menschen sind in komplexen Situationen ständigen Veränderungen ausgesetzt. Es besteht die Gefahr, dass sie Orientierung, Gelassenheit und damit Leistungsvermögen verlieren. Je komplexer das Umfeld, desto wichtiger ist es, dass Führungskräfte bewusst Sicherheitszonen einrichten. Das reicht von klarer Orientierung, Vertrauen und gefühlter psychologischer Sicherheit im Team bis hin zu gemeinsamen Werten und Prinzipien. Besonders in komplexen Umfeldern müssen Führungskräfte wahrnehmen, wie sich die Menschen fühlen und Verantwortung dafür übernehmen.

Intrinsische Motivation und Bindung der Mitarbeitenden

Durch den hohen Vernetzungsgrad der Menschen gibt es viel mehr Wissen über Alternativen und Optionen hinsichtlich Jobmöglichkeiten für Mitarbeitende. Im Zusammenhang mit den teilweise sehr hohen Anforderungen an Mitarbeitende in komplexen Systemen kann dies dazu führen, dass die Abwanderungsbereitschaft zunimmt. Umso wichtiger ist es daher, dass die Menschen einen Sinn erkennen, sich mit den Aufgaben identifizieren und diese in einem für sie optimalen Arbeitsumfeld erledigen können. Dies führt zu intrinsischer Motivation und Bindung.

Kreativität und Innovation

Im komplexen Umfeld gibt es keine bewährten Lösungen, auf die man zurückgreifen kann. Stets müssen neue Wege gefunden werden. Dazu braucht es Kreativität, die Fähigkeit querzudenken, gut funktionierende Innovationsprozesse und das gezielte Nutzen von neuen Technologien.

Jeder führt und leistet seinen Beitrag

Im komplexen Umfeld, das nicht vollständig durchschaubar ist, kann ein Einzelner nicht ausreichend Lösungen finden. Es braucht die Anstrengung von allen, um die Aufgabenstellungen aus unterschiedlichen Blickwinkeln zu betrachten und damit die Wahrscheinlichkeit zu erhöhen, eine gute Lösung zu finden.

The MAGIC-Cycle – unser Vorgehensmodell

Inspiriert von den Erfolgsfaktoren haben wir uns über die wesentlichen Führungsaufgaben im Komplexen Gedanken gemacht und diese in eine Struktur gebracht, die wir MAGIC-Cycle nennen (siehe Abbildung 1).

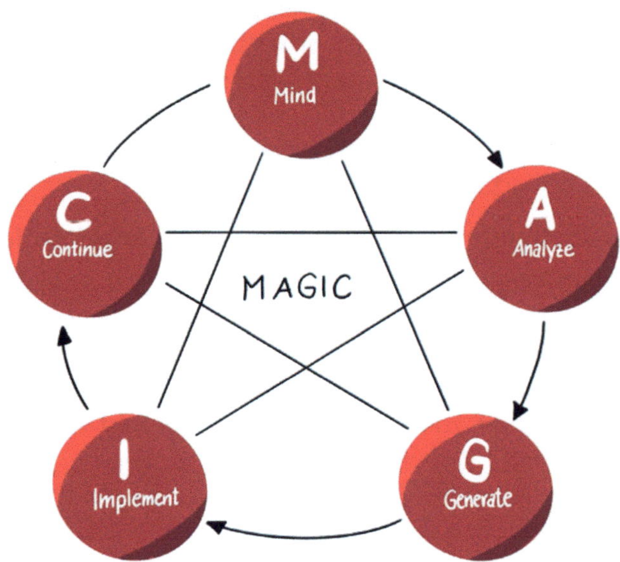

Abbildung 1: Der MAGIC-Cycle

Zusätzlich haben wir sehr sorgsam die Top 10 Führungswerkzeuge ausgewählt und dem MAGIC-Cycle zugeordnet (siehe Abbildung 2).

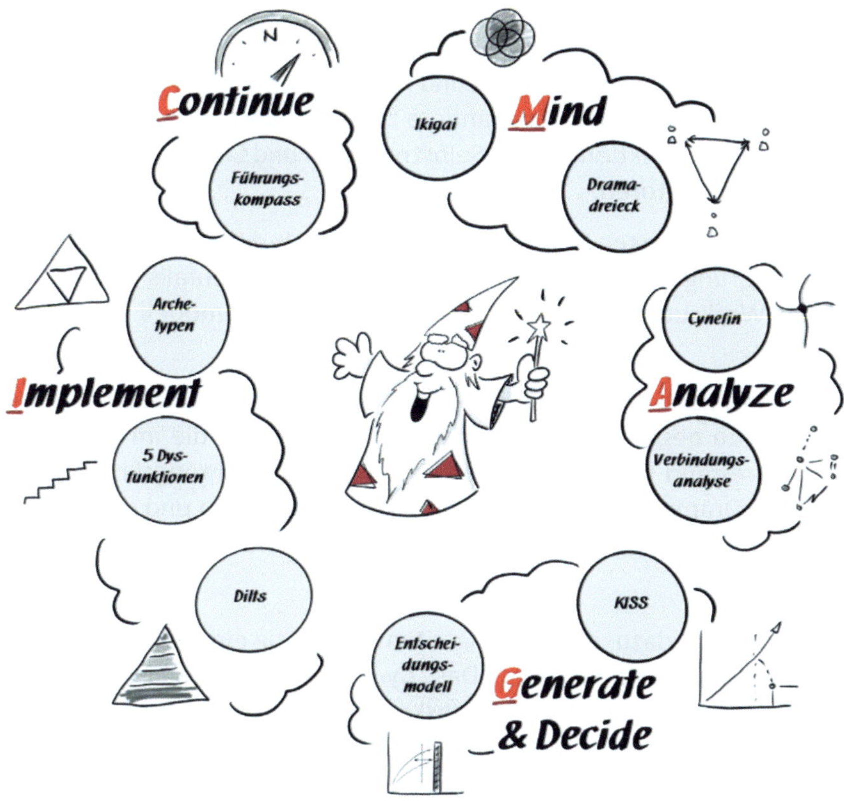

Abbildung 2: Zuordnung der 10 Werkzeuge zum MAGIC-Cycle

Wir wissen wohl, dass Führungsarbeit keine Magie ist, aber wenn wir uns als Menschen weiterentwickeln und sozusagen innere Wandlung erfahren, dann birgt das schon etwas Magisches in sich.

Wenn wir in der Menschheitsgeschichte ein wenig zurückschauen - beispielsweise ins Mittelalter - dann waren Zauberer früher Magier, denen die Fähigkeit, wertloses Metall in Gold verwandeln zu können, nachgesagt wurde. Anders betrachtet könnte hier aber auch die innere Alchemie gemeint sein, also den Menschen zu wandeln; Angst, Ungewissheit und Zorn in das Kostbarste zu verwandeln, nämlich in Erfüllung, Sinn und Liebe. Und genau hierzu wollen wir mit unserem MAGIC-Cycle einen Beitrag leisten.

M = Mind

Der erste Schritt für Führungskräfte sollte darin bestehen, dass man sich selbst wahrnimmt, sich selbst führt und in seiner Mitte ist. Nur wer sich selbst führen kann, ist auch in der Lage, andere zu führen, da Führungskräfte immer auch eine Vorbildfunktion haben. Selbstreflexion und Selbstorganisation sind zentrale Erfolgsfaktoren.

Hierzu gehört als erster Schritt, zu überprüfen, ob der aktuelle Job mit den Herausforderungen der richtige ist, und sich gegebenenfalls zu verändern. Als erstes Werkzeug haben wir daher ***„Ikigai"***, ein Sinnmodell für das Leben ausgewählt.

Des Weiteren kann es insbesondere in einem spannungsgeladenen komplexen Umfeld zu negativen Verhaltensmustern kommen, die im ***„Dramadreieck"*** sehr treffend beschrieben sind. Die Kunst der Führungskräfte besteht darin, diese Dramen zu erkennen, hier nicht mitzuspielen und deeskalierend zu wirken. Dies gelingt umso besser, je achtsamer die Führungskraft ist.

A = Analyze

Die Analyse dient dazu, die Führungssituation richtig einzuschätzen, um daraus wirksame Schlüsse zu ziehen. Das ***„Cynefin-Framework"*** ist das perfekte Werkzeug dazu, weil es den Führungskontext in die Bereiche einfach, kompliziert, komplex, chaotisch und konfus unterteilt und entsprechende Handlungsanleitungen für Führungskräfte bereithält.

Darauf aufbauend ist es in der Analysephase aber auch wichtig, das soziale System und die Gestaltungsmöglichkeiten durch die Führungskraft im Detail zu verstehen. Hierzu haben wir hier das Werkzeug ***„Systemische Verbindungsanalyse"*** ausgewählt.

G = Generate Ideas and Decide

Basierend auf einem ausreichenden Verständnis des Kontextes und des betroffenen sozialen Systems sind entsprechende Lösungswege zu finden und auszuwählen. Es gilt also, die richtigen Entscheidungen zu treffen.

Im komplexen Umfeld braucht es neue Vorgehensweisen bei Entscheidungen, wie es beispielsweise im Werkzeug ***„Adaptives Entscheidungsmodell"*** beschrieben ist.

Wenn die endgültige Auswahl einer Lösung ansteht, ist sicherzustellen, dass die Komplexität der Lösung auf das absolut notwendige Maß reduziert wurde. Das hilfreiche Führungswerkzeug dazu ist das ***„KISS-Modell“.***

I = Implement

Anschließend geht es darum, die Organisation im eigenen Wirkungsbereich zu gestalten, indem die ausgewählten Lösungen eingeführt werden. Das **„Modell der *logischen Ebenen*“** ist ein Erklärungsmodell für Veränderungsprozesse und unterstützt bei der gesamtheitlichen und nachhaltigen Einführung von Lösungen und Veränderungen.

Ein wesentlicher Erfolgsfaktor für das Umsetzen im komplexen Umfeld sind funktionierende Teams. Das Werkzeug ***„5 Dysfunktionen“*** erläutert, welche Probleme in Teams auftreten können und wie man diese verhindern kann.

Die ***„Archetypen des situativen Führens***“ helfen Führungskräften je nach Situation, den richtigen Führungsansatz zu finden, insbesondere um das Potenzial aller Beteiligten systematisch weiterzuentwickeln und gemeinsam mit dem Team den richtigen Delegationsgrad festzulegen.

C = Continue

Mit „Continue“ ist das Dranbleiben an den Lösungen sowie deren konsequente Weiterentwicklung gemeint. Gerade im komplexen Umfeld mit hoher Dynamik ist es unwahrscheinlich, dass nun plötzlich alles stabil wird und bleibt. Der ***„Führungskompass“*** bietet hier eine sehr wertvolle Hilfe. Ziel dieses Instruments ist es, den Wert der Führung bewusst zu machen und den Veränderungs- und Lernprozess beim Thema Führung zu unterstützen. Durch den Führungskompass wird das Thema Führung greifbar, kommunizierbar und auch im Sinne des kontinuierlichen Lernens überprüf- und steuerbar.

Zusammenhang der Werkzeuge mit den Erfolgsfaktoren

Bei der Auswahl der Werkzeuge haben wir darauf Wert gelegt, dass alle genannten Erfolgsfaktoren Berücksichtigung finden (siehe Abbildung 3).

Führungwerkzeuge / Erfolgsfaktoren	Achtsam sein	Iterative Vorgehensweise	Gute Verbindungen	Entscheidungen	Einfache Lösungen	Intrinsische Motivation	Sicherheitszonen	Kreativität & Innovation	Jeder führt
Ikigai	●					●			
Dramadreieck	●								
Cynefin-Framework		●							
Systemische Analyse			●			●			
Entscheidungsmodell				●					
KISS-Modell					●				
Dilts-Pyramide						●	●	●	
5 Dysfunktionen							●	●	●
Archetypen des Führens								●	●
Führungskompass	●					●		●	

Abbildung 3: Zusammenhang Führungswerkzeuge und Erfolgsfaktoren

Werden die genannten Werkzeuge nutzenbringend angewandt, kann man alle Erfolgsfaktoren realisieren. Die Darstellung hilft auch sehr bei der richtigen Anwendung der Werkzeuge: Es geht ja nicht darum, lediglich ein Werkzeug anzuwenden, sondern die dahinterliegenden Erfolgsfaktoren umzusetzen, das heißt einen entsprechenden Nutzen zu generieren. Dieser kann noch weiter erhöht werden, wenn die Werkzeuge kombiniert und aufeinander abgestimmt verwendet werden.

Aufbau des Buches

Schrittweise leitet das Buch durch den MAGIC-Cycle. In der entsprechenden Reihenfolge werden die Top 10 Führungswerkzeuge anhand der folgenden drei Leitfragen vorgestellt:

- Worum geht es?
- Wie ist das Werkzeug aufgebaut?
- Wie kann das Werkzeug angewandt werden?

Praktisch erlebbar werden die Anwendungsmöglichkeiten der Werkzeuge anhand von Führungsszenen, in die uns Herr Mager - ein fiktiver Protagonist - mitnimmt.

Herr Mager ist 45 Jahre alt, verheiratet und Vater von 2 Kindern im Teenageralter, der mit seiner Familie in einem kleinen Einfamilienhaus mit Garten lebt. Er hat Verfahrenstechnik studiert und arbeitet aktuell als Leiter der Qualitätssicherung in einem traditionellen Unternehmen der Grundstoffindustrie, das sich aufgrund von ständig ändernden Marktbedingungen und den aktuellen Digitalisierungsbestrebungen starken Herausforderungen stellen muss. Herr Mager ist begeisterter Bergwanderer, denn die Ruhe und Bewegung geben ihm die Möglichkeit, aus seinem stressigen beruflichen Alltag auszusteigen und den entsprechenden Weitblick zu bewahren.

Ikigai

Worum geht es?

Viele kennen das vermutlich – dieses Gefühl von Mattheit, Erschöpfung und Leere, verbunden mit einem Hauch von Hoffnungslosigkeit bis hin zur Aggressivität gegen sich selbst und sein Umfeld. Gepaart sind diese Gefühle oft mit einem Prozess des Zweifelns, ob man auf dem richtigen Weg ist, sein Lebensglück zu finden und seiner Bestimmung nachzugehen.

Gerade durch die zurückliegenden Maßnahmen im Zusammenhang mit der Corona-Krise wie zum Beispiel dem durch Lockdowns ausgelösten Homeoffice, haben sich viele Menschen unbewusst diese Fragen gestellt oder plötzlich ihre Lebensdefizite erkannt. Dies führte bei vielen Menschen zur Aufgabe der aktuellen und zur Suche nach der passenden Tätigkeit.

Das Ikigai-Modell kann bei einer systematischen Aufnahme der eigenen aktuellen Ist-Situation helfen, den Weg zu seiner Bestimmung zu finden und diesen Weg auch konsequent zu beschreiten.

Der Begriff Ikigai beschreibt ein altes japanisches Konzept und setzt sich aus den Wörtern iki = Leben und gai = Wert zusammen. Die eine, perfekt passende Übersetzung ins Deutsche gibt es für Ikigai nicht. Oft wird es mit „Wert des Lebens", „lebenswert" oder „Lebenssinn" übersetzt. Im Wesentlichen beschreibt Ikigai nichts anderes als den Grund, wofür wir jeden Morgen aufstehen. Nicht jeder kennt diesen Grund oder hat ihn sich schon einmal bewusst gemacht, was zu der oben beschriebenen Situation führen kann. Den Lebenssinn zu finden, kann dem Ikigai-Modell zufolge dabei helfen, ein erfüllteres Leben zu führen, das den eigenen Fähigkeiten, Wünschen und Leidenschaften entspricht. Im MAGIC-Cycle befinden wir uns in der Mind-Phase, in der wir achtsam mit uns selbst umgehen.

Wie ist das Werkzeug aufgebaut?

Ikigai – also Lebenssinn und Zufriedenheit – wird erlangt, wenn man im Leben etwas hat, das die folgenden Rahmenbedingungen erfüllt: Es ist etwas, das man kann, liebt, das gebraucht wird und wofür man bezahlt wird.

Die vier Aspekte können graphisch als Venn-Diagramm dargestellt werden, in dem man sich selbst verorten kann. In der Schnittmenge aller vier Kreise befindet sich der Ikigai-Zustand (siehe Abbildung 4).

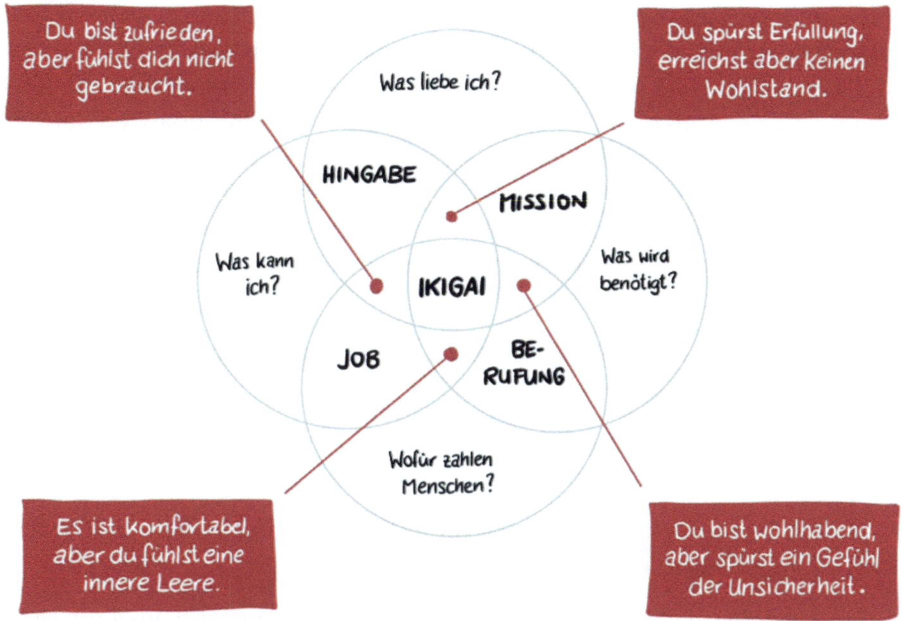

Abbildung 4: Das Ikigai-Modell

Insgesamt ergibt sich eine Vielzahl an Schnittmengen, in denen eine unterschiedliche Anzahl der vier Aspekte erfüllt ist. Jede dieser Schnittmengen bildet eine bestimmte Lebenssituation ab und zeigt gleichzeitig auf, worin das Entwicklungspotenzial in Richtung Ikigai besteht.

Wichtig bei der Beantwortung der dahinterliegenden Fragen ist eine ehrliche bis schonungslose Aufnahme und Analyse der aktuellen Empfindung:

- Was kann ich?
- Was liebe ich?
- Was wird von der Welt benötigt und macht Sinn?

- Wofür zahlen die Menschen oder wie kann ich einen anderen Ausgleich erhalten?

Durch die Beantwortung der Fragen wird automatisch klar, wo man sich befindet und was zu tun ist, um Erfüllung und Lebenssinn zu erfahren. Ist man beispielsweise gut in dem, was man tut, und liebt es gleichzeitig, so kann man durchaus mit Hingabe seiner Tätigkeit nachgehen. Den Weg zu mehr Lebenssinn und Zufriedenheit kann man finden, indem man sich Gedanken darüber macht, welche Mittel und Wege es gibt, bekannt zu werden und damit die Tür zu einer Bezahlung zu öffnen, die einem ein angenehmes Leben ermöglicht. In dem Ikigai-Zustand angekommen ist man dann, wenn zusätzlich die Tätigkeit sinnvoll ist, mit den eigenen Werten harmoniert und von der Welt gebraucht wird.

Sehr häufig in der Praxis findet man die Schnittmenge von drei Kreisen mit den folgenden Ausprägungen:

- Das Leben ist komfortabel, aber du fühlst eine innere Leere, weil du das, was du tust, nicht liebst.
- Du bist zufrieden, fühlst dich aber nicht gebraucht, weil die Welt es nicht wirklich benötigt, was du tust.
- Du spürst Erfüllung, erreichst aber keinen Wohlstand, weil die Menschen für das, was du tust, nicht zahlen.
- Du bist wohlhabend, aber spürst ein Gefühl der Unsicherheit, weil du nicht gut bist, indem was du tust.

Wie kann das Werkzeug angewandt werden?

Jeder Mensch ist anders, und damit ist auch jeder Weg zum Ikigai und seiner inneren Zufriedenheit stets individuell. Die Suche und Erforschung des eigenen Ikigai-Zustands ist dabei ein ganz persönlicher Prozess.

Das Werkzeug hilft durch gezielte Fragen und startet somit einen Prozess der Selbstreflexion. Am Ende geht es darum, sich den fehlenden Anteilen der Kreise bewusst zu werden und dann aktiv nach Abhilfe und Entwicklung zu streben. Sich Zeit zu nehmen für die Beantwortung der Fragen ist der zentrale Erfolgsfaktor in der Anwendung. Nach dieser gründlichen Analyse kann man seine Ziele ableiten und diese schrittweise umsetzen.

Verwendet werden kann das Werkzeug für alle Situationen, in denen man sich über sich selbst und seine eigenen Ziele klar werden möchte. Also beispielsweise nach einem Schicksalsschlag, einer Sinnkrise, wenn man sein Leben ändern möchte oder um die richtigen Weichen im Leben zu stellen, also etwa für die Berufswahl.

„Gipfelerlebnis mit Nachklang“

Herr Mager ist wieder einmal in den Bergen unterwegs, um durch die Ruhe und Bewegung ein wenig dem Alltag zu entfliehen und sich zu erden. Er steht am Gipfel und bewundert die Aussicht. „Seltsam“, denkt sich Herr Mager, „eigentlich müsste ich glücklich sein, aber ich bin es irgendwie nicht so recht. Irgendetwas stimmt nicht und ich fühle mich leer.“

Bevor sich Herr Mager an den Abstieg begibt, möchte er sich noch im Gipfelbuch eintragen. Als er dieses durchblättert, um eine leere Seite zu finden, staunt er nicht schlecht. Denn er erkennt, dass es sich hier um ein Buch handelt mit dem Titel „MAGIC Leadership“.

Abbildung 5: Am Gipfel mit dem MAGIC Buch

Herr Mager beginnt in dem Buch zu blättern und bleibt bereits am ersten Werkzeug hängen: „Ikigai – auf der Suche nach dem eigenen Lebenssinn oder der Grund, wozu man jeden Morgen aufsteht." „Esoterischer Nonsens", denkt sich Herr Mager, „wieder mal nichts Anwendbares für einen gestandenen Ingenieur." Trotzdem bleibt er neugierig und liest das gesamte Kapitel noch am Gipfel, bevor er sich auf den Heimweg begibt.

„Das spricht mir eigentlich alles sehr aus der Seele", denkt sich Herr Mager und beschließt, entgegen seiner ersten Intention das Modell mit den vier Kreisen anzuwenden, um seine aktuelle Situation zu analysieren. Herr Mager geht gedanklich durch die vier Fragen und fasst für sich zusammen:

- Was kann ich? „Eigentlich bin ich gut, aber ich spüre, dass ich viel besser und wirksamer sein könnte als Führungskraft. Es kostet mich zu viel Energie, ich bin in manchen Situationen überfordert und unzufrieden und kann daher meinen Verantwortungsbereich nicht optimal führen."
- Was liebe ich? „Ich liebe kreative Dinge und Entwicklungen. In der Qualitätssicherung ist Kreativität jedoch ein seltenes bis nicht gefordertes Gut. Klare Regeln und Arbeitsanweisungen, eindeutige Vorgaben der Kunden lassen mir keinen Spielraum für meine eigenen Ideen oder Kreativität. Das raubt mir Energie, Freude und Leidenschaft im Tun. Ein eindeutiges Defizit in meinem Leben", erkennt Herr Mager sehr schnell.
- Was wird benötigt? „Natürlich braucht die Welt und insbesondere mein Unternehmen die beste Qualität – aber bin ich der richtige Mann dafür?", fragt sich Herr Mager und vermerkt ein deutliches Nein.
- Wofür zahlen die Menschen? „Ich bekomme sehr gutes Geld für meinen Job", stellt Herr Mager zufrieden fest. „Ich nenne es aber viel zu oft bereits „Schmerzensgeld". Es aufzugeben würde mir schwerfallen – auch in Bezug auf meine Familie."

Herr Mager überfliegt die erste Analyse seiner Ist-Situation. „Aber was würde besser passen?", denkt er sich und geht noch einmal durch das Modell mit Fokus auf eine zukünftige neue Lebenssituation: „Ich mag mein

Unternehmen und stehe voll hinter der Vision und Philosophie. Es zu verlassen, wäre also erst Plan B oder C. Wo könnte ich dem Unternehmen mit meinen Stärken und meiner persönlichen Leidenschaft helfen?", fragt er sich und geht gezielt durch das Organigramm des Unternehmens. Sein Herz fängt an, schneller zu schlagen, als er den Bereich der Entwicklung betrachtet. Gleichzeitig muss er schmunzeln, da er gerade vor zwei Tagen mitbekommen hat, dass diese Stelle im Unternehmen frei werden wird und seine Chefin etwas ratlos war, wie sie mit der Nachbesetzung umgehen soll. „Das wäre doch jetzt meine Chance", denkt Herr Mager und beschließt, schnell zu handeln.

Am nächsten Tag spricht Herr Mager seine Chefin an und unterbreitet ihr seine Idee. Überrascht, aber der Idee sehr offen gegenüberstehend, stimmt sie seiner offiziellen Bewerbung zu. Schon drei Monate später übernimmt Herr Mager die Leitung der Entwicklungsabteilung. Er spürt, dass er durch diesen Schritt wieder zu seiner Mitte gefunden und dadurch auch seine gefühlte innere Komplexität reduziert hat. Mit dieser neuen Energie ist er jetzt wieder viel besser in der Lage, die täglichen Herausforderungen zu meistern.

Dramadreieck

Worum geht es?

In einem stressigen, fordernden und komplexen beruflichen Umfeld ist die Gefahr groß, dass Führungskräfte unwillkürlich immer wieder in die gleichen, nicht dienlichen Verhaltensmuster verfallen.

Vermutlich hat bereits jeder von uns derartige Situationen erlebt: Druck wird von oben erzeugt und einzelne Menschen werden stellvertretend für alle angegriffen. Die Betroffenen fühlen sich als Opfer und beklagen ihre Situation – manchmal im Stillen, manchmal auch laut. Einige wollen das vielleicht nicht hinnehmen und schlagen mit gleicher „Waffe“ zurück. Und eine dritte Gruppe versucht, die Situation zu retten – und das meist ungefragt. Derartige Situationen können mithilfe des Dramadreiecks mit den drei Rollen Opfer, Verfolger und Retter beschrieben werden.

Das Problem für das Unternehmen besteht darin, dass nicht mehr die Sache im Vordergrund steht, sondern die individuelle Rolle. Somit kann es dazu kommen, dass die Opfer zwar keine Zeit mehr finden, ihre Arbeit zu erledigen, aber sehr wohl, um sich stundenlang darüber zu beklagen, wie ungerecht sie behandelt werden. Der Retter findet für seine eigentlichen Aufgaben keine Zeit, weil er ja die Situation retten muss. Langfristig gesehen gibt es nur Verlierer, weil es in der Regel sehr unbefriedigend ist, in den Rollen zu verharren und so für das Unternehmen kein Nutzen entsteht.

Für Führungskräfte ist es essenziell, derartige Dramen zu erkennen und zu vermeiden. Diese Art der Energieverschwendung und zusätzliche Komplexität sollte man sich im komplexen Umfeld nicht leisten. Im MAGIC-Cycle befinden wir uns in der Mind-Phase.

Wie ist das Werkzeug aufgebaut?

Das Dramadreieck baut auf drei psychologischen Rollen auf: Verfolger, Opfer und Retter (siehe Abbildung 6). Keine Rolle ist per se schlechter oder besser als die anderen, da sie sich alle gegenseitig bedingen. Was sie alle gemeinsam haben, ist die Abwesenheit von „Ich bin o.k. und du bist o.k.“ Während sich Verfolger und Retter selbst aufwerten, ist das Gegenteil beim Opfer der Fall.

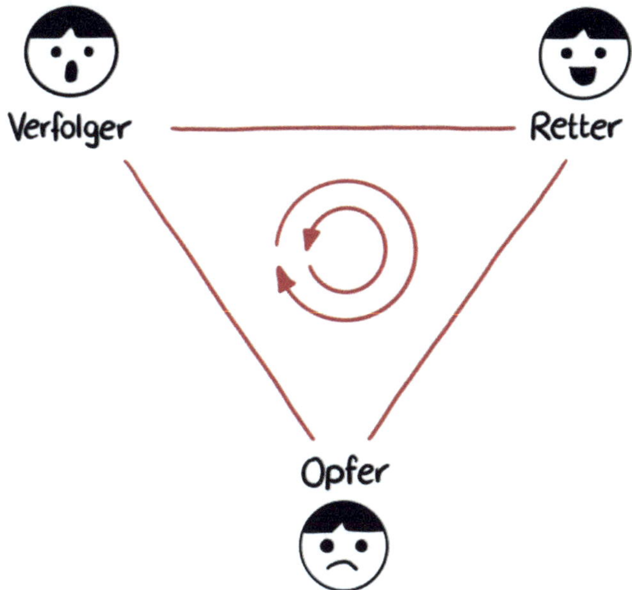

Abbildung 6: Das Dramadreieck

Der Verfolger

Der Verfolger oder auch Täter genannt, wirkt auf andere, als ob er die meiste Macht hätte. Diese Rolle weiß sehr geschickt, wie sie jemanden zu einem Opfer macht und kontrolliert. Personen in dieser Rolle neigen dazu, sich über andere zu stellen und ihre Macht spielen zu lassen. Sie lieben es zu befehlen, zu beschuldigen, aufzuhetzen oder zu demütigen. Läuft etwas nicht nach Plan, werden sie aggressiv, wütend und abwertend. Teilweise auch, um von eigenen Schwächen abzulenken oder aus der unbewussten Angst, selbst zum Opfer zu werden.

Vorgesetzte nehmen diese Rolle reflexartig besonders oft und schnell ein. Jedoch ist diese Rolle nicht für hierarchisch höherstehende Personen reserviert. Es kann sich auch um den Kunden oder um einen Kollegen aus dem Projektteam handeln.

Kurzfristig mag es attraktiv sein, den Verfolger zu spielen. Es hält einen sehr elegant davon ab, an sich selbst zu arbeiten, weil man Anderen die Schuld geben kann. Langfristig kann es jedoch sehr ungesund sein, ständig Angreifer zu sein.

Das Opfer

Im Rollenspiel des Dramadreiecks hat das Opfer die vermeintlich schwächste Position inne. Es wird mit Schuldzuweisungen, Demütigungen oder gar Drohungen bombardiert, was ein starkes Gefühl der Hilf- und Machtlosigkeit erzeugen kann. Unbewusst ist es jedoch genau das, was sich Personen in Opferrollen wünschen, da sie als bemitleidenswertes Opfer viel Aufmerksamkeit auf sich ziehen. Als Opfer müssen sie keine Konsequenzen tragen und keine Verantwortung übernehmen; sie bleiben in der eigenen Komfortzone. Und unter Umständen wird ihre Arbeit vom Retter übernommen. Langfristig gesehen kann es jedoch sehr unbefriedigend sein, sich ständig als Opfer zu fühlen.

Der Retter

Der Retter übernimmt die Aufgabe, das Opfer aus seiner Misere zu retten und den Streit zu schlichten. Die Retter-Rolle liebt die Aufmerksamkeit, die sie als Schlichterin und Heldin bekommt. Somit kommt es dazu, dass die Retter-Rolle das Opfer noch kleiner macht als es ohnehin bereits ist – ganz nach dem Motto „Du bist nichts ohne mich und brauchst meine Hilfe“. Der Retter arbeitet meist ohne direkten Auftrag, sondern bezieht seine Legitimation seines Handelns aus der Situation: „Irgendjemand muss doch etwas tun.“

Somit macht der Retter die Situation keinesfalls besser, sondern hält die negative Dynamik am Laufen. Es wirkt zwar zunächst so, als ob er gute Intentionen habe und nur dem Opfer helfen wolle, doch tatsächlich geht es ihm einzig und allein um die eigene Anerkennung, die er durch seine Bemühungen bekommt.

Rollenwechsel

Eine Besonderheit besteht darin, dass die Rollen sehr schnell von einer Person zur anderen wechseln können. Beispielsweise kann der Retter plötzlich zum Angreifer oder Opfer werden. Durch diese Dynamik bleibt die Situation unvorhersehbar und dramatisch – eben wie in Bühnendramen. Diese Wechsel sind es, die für die Mitspieler irritierend sind, besonders viel Energie kosten und das eigentliche Drama für die Beteiligten darstellen.

Wie kann das Werkzeug angewandt werden?

In jeglicher Lebenssituation kann es zu Rollendynamiken im Sinne des Dramadreiecks kommen, sei es an der Hotelrezeption, mit dem Partner oder den Kindern, mit den Berufskollegen und sogar allein mit sich selbst.

Insbesondere Menschen unter Stress fühlen sich dem Sog ausgesetzt, im Dramadreieck mitzuspielen und sich entweder als Opfer zu fühlen („Ich erreiche meine Ziele so nicht."), als Verfolger zu agieren („Denen zeige ich schon, wo es langgeht.") oder als Retter aufzutreten („Ich mache den Job der anderen noch mit."). Es ist auch nicht unüblich, dass zwei Rollen von einer Person gespielt werden. Zum Beispiel kann der Vorgesetzte zunächst Verfolger sein, nach der Predigt jedoch in die Retter-Rolle schlüpfen.

Das Dramadreieck beschreibt eine hochdynamische energieaufwendige Situation im menschlichen Verhalten, die niemandem etwas bringt. Um dies positiv zu ändern, muss man aus dem Dramadreieck aussteigen. Dazu ist es notwendig, sich selbst klarzumachen: Wir gehen in solchen Situationen zwar in diese Rollen, aber wir sind von unserer Persönlichkeit her keine davon in Wirklichkeit. Und das bedeutet, jeder kann ebenso entscheiden, ob er das Drama überhaupt mitspielt.

Um erfolgreich aus dem Dramadreieck auszusteigen, muss eine Person die Beziehungsdynamik erkennen und diese wertfrei, sachlich und respektvoll ansprechen – vielleicht sogar mit einem Schuss Humor oder Selbstironie. Das hilft meist sehr gut, die Situation zu „entschärfen". Die Person muss dabei Verständnis und Empathie zeigen, Ich-Botschaften senden, Bedürfnisse erkennen und ansprechen. Hilfreich ist es auch, an das ursprünglich gemeinsame Ziel zu erinnern oder auch mal die Notbremse zu ziehen und beispielsweise nach einer adäquaten Pause wieder weiterzumachen.

Wichtig ist, dass die jeweiligen Personen mit sich selbst in Dialog treten und die eigenen Verhaltensmuster erkennen – beispielsweise geführt durch die nachfolgenden Fragen:

- Welche Drama-Rolle habe ich gerade?
- Welche Drama-Rolle übernehme ich am häufigsten?
- Welche Drama-Rolle haben die anderen?

Jede der Rollen kann ihren eigenen Beitrag zum Aussteigen aus dem Dramadreieck leisten (siehe Abbildung 7).

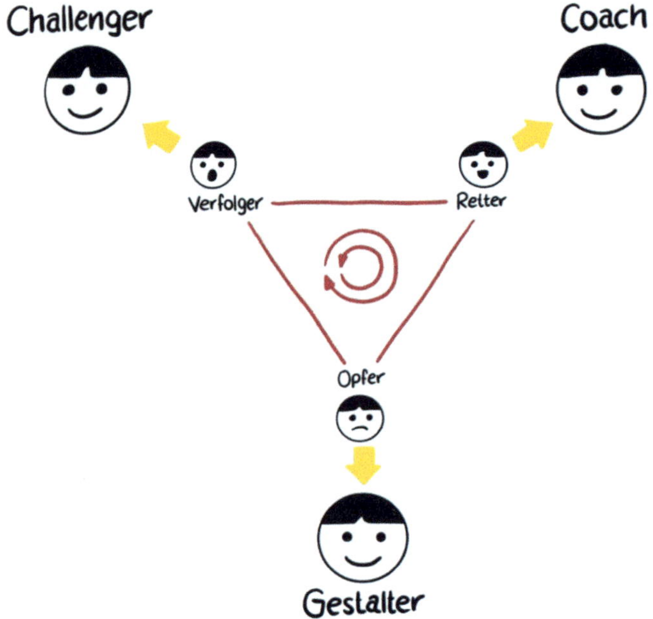

Abbildung 7: Raus aus dem Drama

Vom Verfolger zum Challenger

Der Verfolger wird zum Challenger, wenn er eine klare Orientierung vermittelt und dies wertschätzend tut anstelle zu „verfolgen". Dies setzt voraus, zunächst die „innere Arbeit" zu leisten, die darin besteht, in sich die Wertschätzung für die betroffenen Personen zu finden. Voraussetzung dafür ist, die Wertschätzung sich selbst gegenüber immer wieder zu finden.

Damit besteht die Rolle des Challengers darin, wertschätzend zu motivieren, anstatt jemanden zu beschuldigen und zu verfolgen. Menschen werden vom Challenger aus ihrer Komfortzone mit einem anzustrebenden attraktiven Ziel herausgelockt und bei der Lösungssuche unterstützt und bestärkt.

Vom Retter zum Coach

Der Retter wird zum Coach, wenn den Betroffenen Hilfe zur Selbsthilfe gegeben wird, statt an deren Stelle ihre Aufgaben zu erledigen und die Situation zu „retten". Auch hier beginnt die Arbeit zunächst bei sich selbst: „Im Anderen die Fähigkeit oder das Potenzial zu sehen, die neue Aufgabe zielführend zu erfüllen."

Vom Opfer zum Gestalter

Das Opfer wird zum Gestalter, wenn es sich klare Ziele abholt oder formuliert, ohne sich als Opfer der Situation zu fühlen. Auch hier beginnt die Arbeit zunächst bei sich selbst. Sie besteht darin, sich selbst grünes Licht zu geben dafür, sich Orientierung und Ziele zu holen oder zu schaffen. Das ist kein Zeichen von Schwäche, sondern ein Einstehen für das persönliche Bedürfnis, einen guten Job zu machen. Und dies setzt voraus, zu definieren, woran dieser gemessen wird.

Um aus der Opferrolle auszusteigen ist es auch wichtig, sich Hilfe und Unterstützung zu organisieren statt als Einzelkämpfer vermeintlich „autonom" das Rad neu zu erfinden. Man kann um Unterstützung bitten und zugleich o.k., kraftvoll und eigenständig sein.

„Auf der Bühne des Lebens"

Herr Mager ist glücklich in seinem neuen Job. Immer wieder jedoch hat er den Eindruck, dass sich Diskussionen im Kreis drehen und zu wenig substanzielle Ergebnisse erzielt werden. Das wiederum führt manchmal dazu, dass ihm der Geduldsfaden reißt, er fahrig agiert und damit Unzufriedenheit erzeugt.

Auf seinem Schreibtisch sitzend geht er eine derartige Situation von gestern nochmal in Gedanken durch: Herr Mager beauftragte Frau Müller aus dem Team, am kommenden Samstag Überstunden zu machen. Er spürte, dass sich Frau Müller benachteiligt fühlte und wahrscheinlich glaubte, dass Herr Mager es auf sie abgesehen hatte, denn er hat schon mitbekommen, wie Frau Müller im Kollegenkreis ihren Unmut darüber offen kundgetan hat. „Sie hätte sich ja äußern können und nicht unkommentiert den Auftrag annehmen sollen", sagt er zu sich selbst.

Und dann fällt ihm auch wieder ein, dass sich Frau Schulze als Kollegin dann noch aufgespielt hatte und ihm unterstellte, dass das alles sehr ungerecht sei, dass Frau Müller als einzige an einem Samstag arbeiten soll. „Sie sollte besser vor ihrer eigenen Tür kehren, war doch eine berechtigte Antwort gewesen über so viel Fremdeinmischung“, denkt er.

Insgesamt bleibt ein fahler Beigeschmack zurück. „Hätte ich doch nochmal die Chance, wie am Gipfel in dem Buch „MAGIC Leadership“ nachzulesen. Hat ja schon einmal funktioniert“, denkt er sich. Sein Blick schweift gedankenverloren in Richtung seines Posteingangs am Schreibtisch seines Assistenten hängen. „MAGIC Leadership“ liest er dort auf dem Rücken eines kleinen Büchleins, das er sofort wiedererkennt. „Wie kann das sein?“, fragt er ungläubig.

Dankbar nimmt Herr Mager sein Buch sofort an sich und schlägt die ersten Seiten auf in der Hoffnung, wieder ein Werkzeug zu finden, das ihm in seiner aktuellen Situation helfen könnte.

Sein Blick bleibt am Dramadreieck hängen. Er ist verblüfft, denn er findet alle Rollen aus dem dort beschriebenen Modell in seinem jetzigen Führungsalltag wieder:

- seine Geschäftsführerin, die ihn als Verfolgerin in die Ecke drängt und unter Druck setzt, wodurch er selbst zum Opfer wird,
- Frau Müller, seine Mitarbeiterin, die sich aufgrund seiner Anordnungen als Opfer fühlt,
- Frau Schulze, die ihr als Retterin zur Seite steht, und dabei manchmal ihm gegenüber unwissentlich in die Verfolger-Rolle schlüpft, wodurch er selbst zum Opfer wird und
- er selbst, der als Verfolger Frau Schulze wieder zur Rechenschaft zieht und zum Opfer macht.

„Sehr spannend“, denkt sich Herr Mager, der überrascht ist über die Dynamiken, die in den Beziehungskonflikten stecken und über die Chancen des Ausstiegs, wenn man nur mit etwas Abstand und der Einnahme einer Meta-Perspektive die Situation beurteilt. Er freut sich innerlich bereits auf den nächsten Tag, um das heute Verstandene anzuwenden.

Abbildung 8: Herr Mager übt sich in Selbstreflexion

Und siehe da: Die sehr offene und wertschätzende Beschreibung der eigenen Wahrnehmung auf der Metaebene durch Herrn Mager trägt Früchte, und allen Beteiligten fällt es wie Schuppen von den Augen. Gemeinsam wird erarbeitet, wie man in Zukunft miteinander umgehen möchte und wie zumindest dieses Drama vermieden werden kann.

Die Beteiligten erkennen ihre „Lieblingsrolle" und erarbeiten Strategien, um nicht zum wiederholten Male in dieses Muster zu fallen. Am wichtigsten ist jedoch der Grundsatz, der gemeinsam im Team vereinbart wurde: Das Miteinander soll stets von der Einstellung geprägt sein: „Du bist o.k. und ich bin o.k."

Herr Mager beispielsweise wächst in seiner Rolle als Führungskraft der Abteilung mehr und mehr in die Rolle eines Challengers und verdient sich den Respekt und die Akzeptanz seiner Mitarbeitenden. Er gibt Orientierung, formuliert attraktive Ziele und lockt seine Mitarbeitenden damit aus der Komfortzone. Sukzessive kann eine Kultur der gegenseitigen Wertschätzung etabliert werden ohne Übergriffigkeit und unnötige Dramen.

Herr Mager muss aber auch erkennen, dass nicht alle in seinem Team bereit waren, liebgewonnene Verhaltensmuster abzulegen. Er trennt sich daher beispielsweise von Frau Schulze, um ihr die Möglichkeit zu geben, ihre Stärken woanders erfolgreich einzubringen.

Cynefin-Framework

Worum geht es?

Führungskräfte lernen ständig dazu und entwickeln für sich vielversprechende Ansätze, um den Führungsalltag zu meistern. Die Gefahr hierbei besteht darin, dass sie die Erfolgsrezepte unabhängig vom Kontext, das heißt von der jeweiligen Situation, anwenden. Das kann manchmal funktionieren und manchmal eben nicht, je nachdem, ob die Vorgehensweise der Situation Rechnung trägt oder nicht.

Offensichtlich ist, dass beispielsweise im komplexen Kontext andere Vorgehensweisen zum Erfolg führen als in einfachen Situationen. Genau hier hilft das Cynefin-Framework, weil es je nach Problemstellung Hinweise gibt, welche Strategien zielführend sind.

Da der komplexe Bereich im beruflichen Alltag viel häufiger vorkommt als die meisten Führungskräfte zumeist erkennen – und er andere, oft kontraintuitive Antworten erfordert – ist das Modell für das Führen im komplexen Umfeld besonders wertvoll.

Das Cynefin-Framework stellt nicht nur klar, dass je nach Kontext unterschiedlich zu agieren ist, sondern es gibt auch Hinweise und Hilfen, um den Kontext richtig einzuschätzen. Somit hilft das Cynefin-Framework den Führungskräften in der Analyse und dem Verstehen der Situation – wir befinden uns in der Analysephase des MAGIC-Cycle.

Wie ist das Werkzeug aufgebaut?

Das Cynefin-Framework unterteilt den Führungskontext in fünf verschiedene Typologien, die durch die Art der Beziehung zwischen Ursache und Wirkung kategorisiert sind (siehe Abbildung 9). Vier der Situationen – einfach, kompliziert, komplex und chaotisch – erfordern, dass Führungskräfte die Situation richtig einschätzen und kontextuell angemessen handeln. Die fünfte Situation im Zentrum – Konfusion – gilt, wenn unklar ist, welcher der anderen vier Kontexte vorherrscht.

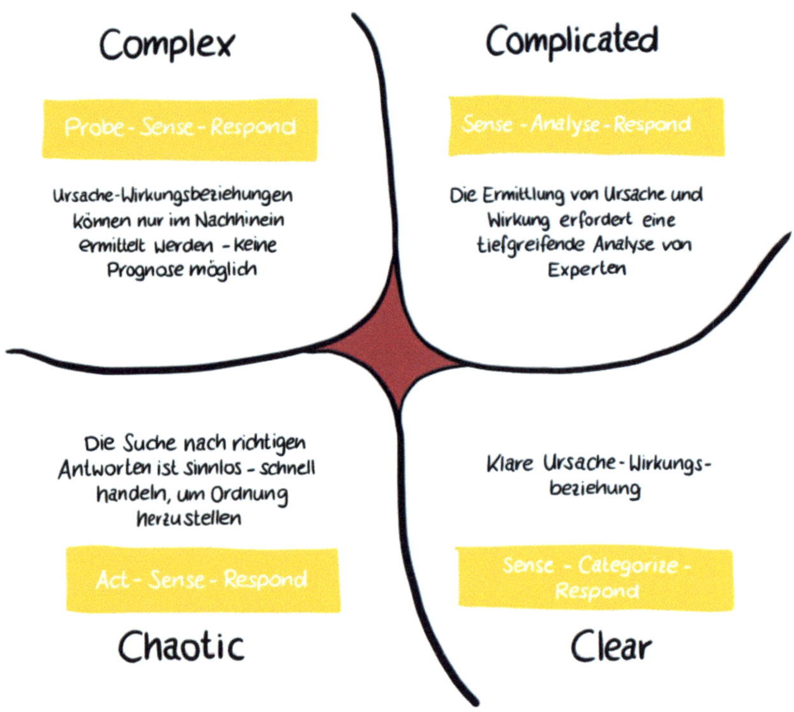

Abbildung 9: Das Cynefin-Framework

Einfache Situationen (Clear)

Einfache Systeme zeichnen sich durch Stabilität und klare Ursache-Wirkungsbeziehungen aus, die für jeden leicht erkennbar sind. Einfache Situationen brauchen klare Vorgaben und fundierte Überwachung. Die Vorgehensweise lautet: Sense – Categorize – Respond. Die Führungskräfte bewerten die Fakten der Situation, kategorisieren sie und stützen ihre Reaktion dann auf Best Practices.

Das erscheint einfach, dennoch können auch hier Probleme auftreten. Beispielsweise besteht die Gefahr, dass Führungskräfte durch vergangene Erfahrung und Erfolge blind für neue Denkweisen sind. Oder wenn die Dinge reibungslos zu laufen scheinen, werden Führungskräfte selbstgefällig. Wenn sich dann der Kontext ändert, wird eine Führungskraft wahrscheinlich verpassen, was passiert und zu spät reagieren.

Daher liegt im Cynefin-Framework die einfache Domäne neben dem Chaotischen. Viele Situationen, die zu Chaos führen, treten deshalb auf, weil Erfolg zur Selbstzufriedenheit bei Führungskräften geführt hat. Im Cynefin-Framework ist hier eine Klippe eingezeichnet, um zu verdeutlichen, dass man leicht in die chaotische Situation abstürzen kann, ein schnelles Zurück aber nicht möglich ist.

Komplizierte Situationen (Complicated)

Im Komplizierten gibt es im Gegensatz zu einfachen Kontexten mehrere richtige Antworten, und obwohl es eine klare Beziehung zwischen Ursache und Wirkung gibt, kann sie nicht jeder verstehen. Die Vorgehensweise lautet: Sense – Analyze – Respond. Dieser Ansatz ist nicht einfach und erfordert fundiertes Fachwissen von Experten. Da der komplizierte Kontext die Untersuchung mehrerer Optionen erfordert, von denen viele möglicherweise ausreichend sind, ist die Bezeichnung „Good Practice“ angemessener, da es die „Best Practice“ hier nicht gibt.

Selektive Wahrnehmung ist auch in komplizierten Kontexten eine Gefahr, aber es sind die Experten (und nicht die Führungskräfte), die dazu neigen, den Bereich zu dominieren. Es besteht das Risiko, dass innovative Vorschläge von Nicht-Experten durch die Experten übersehen oder verworfen werden. Die Experten haben schließlich in den Aufbau ihres Wissens investiert, und es ist unwahrscheinlich, dass sie kontroverse Ideen tolerieren. Um dieses Problem zu umgehen, muss eine Führungskraft den Experten zuhören, sie hinterfragen und gleichzeitig neue Gedanken und Lösungen von anderen begrüßen.

Ein weiteres Risiko ist die "Paralyse durch Analyse", bei der eine Gruppe von Experten in eine Pattsituation gerät, in der man sich aufgrund des Egos der einzelnen nicht auf Lösungen einigen kann.

Komplexe Situationen (Complex)

Im komplexen Bereich können wir lediglich im Nachhinein verstehen, warum Dinge passiert sind. Wirkende Muster können gegebenenfalls jedoch entdeckt werden, wenn Experimente durchgeführt werden. Die Fakten müssen erst erzeugt werden. Die Vorgehensweise lautet: Probe – Sense – Respond: gezielte Experimente anstoßen, die Wirkung sehen und daraus lernen.

Wie in den anderen Kontexten stehen Führungskräfte in der komplexen Domäne vor mehreren Herausforderungen. Sehr groß ist die Versuchung, in traditionelle Command-and-Control-Managementstile zurückzufallen und beispielsweise detaillierte Geschäftspläne mit definierten Ergebnissen zu verlangen oder die erstbeste Lösung zu akzeptieren, die sich zeigt.

Führungskräfte, die nicht erkennen, dass eine komplexe Situation eine experimentellere Art des Managements erfordert, können ungeduldig werden, wenn die gewünschten Ergebnisse nicht eintreten. Sie können es auch schwierig finden, ein Scheitern zu tolerieren, was jedoch ein wesentlicher Aspekt der experimentellen Vorgehensweise ist. Wenn sie die Organisation zu stark kontrollieren, werden sie die Gelegenheit verhindern, dass neue Muster entstehen und gelernt wird. Führungskräfte, die versuchen, in einem komplexen Kontext Ordnung zu schaffen, werden scheitern, aber diejenigen, welche die Bühne vorbereiten, ein wenig zurücktreten, um Muster entstehen zu lassen, werden erfolgreich sein. Komplexe Kontexte erfordern eine interaktivere Kommunikation als jede andere Domäne. Intensive Debatten mit unterschiedlichen Meinungen sind wertvolle Kommunikationsmittel, da sie die Entstehung von Muster und Ideen fördern.

Chaotische Situationen (Chaotic)

In einem chaotischen Kontext ist die Suche nach den richtigen Antworten sinnlos: Die Beziehungen zwischen Ursache und Wirkung sind unmöglich zu bestimmen, weil sie sich ständig verschieben und es keine überschaubaren Muster gibt – nur Turbulenzen.

In der chaotischen Domäne besteht die unmittelbare Aufgabe einer Führungskraft nicht darin, Muster zu entdecken, sondern die Gefahr zu bannen. Die Vorgehensweise lautet: Act – Sense – Respond. Eine Führungskraft muss sehr schnell handeln, um Ordnung herzustellen. Darauf basierend kann sie daran arbeiten, die Situation vom Chaos in die Komplexität zu verwandeln, wo das Herausfinden von Mustern zukünftige Krisen verhindern kann. Kommunikation der direktesten Top-Down-Art ist unerlässlich: Es bleibt einfach keine Zeit, um nach Input zu fragen.

Konfusion (Confusion)

Der dunkle Bereich im Zentrum des Cynefin-Frameworks steht für Situationen, in denen keine Klarheit darüber besteht, in welchem Kontext man sich befindet. Das ist gefährlich, weil die Führungskraft dann unbewusst auf gewohnte Vorgehensweisen zurückgreifen wird. Sie wird gewissermaßen so handeln, wie es ihrer Heimat entspricht. Da stammt auch der Name des Modells her: Cynefin ist ein walisisches Wort, das mit „Heimat“ übersetzt werden kann.

Wie kann das Werkzeug angewandt werden?

Das Cynefin-Framework kann praktisch bei jeder Aufgabenstellung angewandt werden. Die Führungskraft klärt zunächst oder auch gemeinsam im Team, um welchen Kontext es sich handelt. Dies kann auch nur mal eine Hypothese sein – schließlich ist insbesondere die Unterscheidung zwischen kompliziert und komplex nicht einfach. Basierend auf dieser Einschätzung wird die entsprechend empfohlene Vorgehensweise angewandt.

Mit zunehmendem Wissen gibt es eine "Entwicklung im Uhrzeigersinn" von chaotisch über komplex und kompliziert zu einfach. Somit sind im Laufe der Zeit auch die entsprechenden Vorgehensweisen anzupassen. Eine Task-Force beispielsweise zur Lösung eines Qualitätsproblems im Feld, die zunächst im chaotischen startet, wird im Laufe der Zeit hoffentlich funktionierende Muster entdecken, diese analysieren und verstehen und schließlich Best Practices und Prozesse ableiten, um das Wiederauftreten des Problems zu verhindern.

„Klarheit statt Konfusion“

Herr Mager hat große Fortschritte erzielt: Nach wie vor ist er überzeugt, am richtigen Platz zu sein und es spielen sich viel weniger Dramen ab. Er ist in seiner Mitte und seinr neuen Position angekommen.

Eines jedoch macht ihm in letzter Zeit große Sorge: Die Entwicklungszeiten sind zu lange und die Produkte sind zu spät am Markt, was in den letzten Monaten zu erheblichen Umsatzeinbußen geführt hat. Da fällt ihm ein, was sich bei seinem letzten Job in der Qualitätssicherung bewährt hat: Dort hat er erfolgreich auf das Thema Prozessmanagement gesetzt und darauf beharrt, wichtige Abläufe im Detail festzuschreiben. „Das ist es“, denkt sich Herr Mager und lässt sich die aktuellen Prozessbeschreibungen des Entwicklungsprozesses bringen. „Das soll alles sein?“ Ungläubig starrt Herr Mager auf ein dreiseitiges Dokument, das lediglich den Entwicklungsprozess in mehrere Phasen aufteilt und die zu liefernden Ergebnisse zuordnet.

Herr Mager startet ein großes Projekt „Prozessmanagement in der Entwicklung – Ausarbeitung von Best Practices“, und sein Team investiert Wochen, um sehr detailliert die Prozesse zu beschreiben. Leider setzt die erhoffte Verbesserung nicht ein. Im Gegenteil: Die detaillierten Vorgaben scheinen die Abläufe noch langsamer zu machen, ganz zu schweigen davon, dass seine Mitarbeitenden frustriert sind, weil so viel Arbeit investiert wurde. „Was ist da falsch gelaufen“, denkt sich Herr Mager, „das hat doch beim letzten Job so gut funktioniert?“

„Ich blättere mal in meinem Buch nach“, denkt sich Herr Mager und tatsächlich schlägt er wie zufällig genau die Stelle auf, wo das Cynefin-Framework beschrieben wird.

„Im komplexen Bereich können wir lediglich im Nachhinein verstehen, warum Dinge passiert sind“, liest Herr Mager. Er denkt nach: Der Entwicklungsprozess lebt davon, dass die richtigen Entscheidungen getroffen werden und dass auf die richtigen Produkte gesetzt wird. Ob das richtig ist, kann erst im Nachhinein festgestellt werden. „Da sind wir aus meiner Sicht eindeutig im komplexen Bereich“, wird es Herrn Mager klar.

„Führungskräfte, die versuchen, in einem komplexen Kontext Ordnung zu schaffen, werden scheitern“, liest Herr Mager weiter. „Verflixt, das ist ja genau das, was ich versucht habe“, fällt es Herrn Mager zum zweiten Mal wie Schuppen von den Augen.

„Ich werde die Vorgehensweise grundsätzlich ändern“, nimmt sich Herr Mager vor und organisiert zu diesem Zweck einen Workshop mit seinen Mitarbeitenden. „Ich habe einen Fehler gemacht“, beginnt Herr Mager den Workshop. „Ich habe unsere Situation falsch eingeschätzt, möchte daher unsere Vorgehensweise ändern und euch um eine Einschätzung der Situation bitten.“ Dazu visualisiert er am Boden ein großes Cynefin-Framework mit den fünf Feldern, erklärt das Modell und bittet dann alle, die aktuellen Herausforderungen einzuschätzen und sich entsprechend in das jeweilige Feld zu stellen. Nach längerer Diskussion sind sich alle einig, dass sie sich im Komplexen befinden und das Prinzip „Probe – Sense – Respond“ umsetzen müssen. Sofort entstehen neue Lösungsansätze.

Abbildung 10: Der Cynefin Bodenanker

„Wir verkünsteln uns, wir arbeiten die neuen Produkte viel zu detailliert aus mit viel zu vielen Funktionen, ohne zu wissen, ob wir an den richtigen Produkten arbeiten", platzt es aus seinem Teamleiter für die Hardware, Herrn Huber heraus. „Wir müssen uns auf das Wesentliche konzentrieren, unsere Produkte schneller am Markt platzieren, um darauf basierend schnell Anpassungen vornehmen zu können. Ja, und wir müssen die Teamarbeit fördern und intensiver kommunizieren, um Kreativität zu fördern."

Alle stimmen begeistert zu. Um die Ideen von Herrn Huber umzusetzen, beschließen sie, eine agile Form des Projektmanagements einzuführen. Die wichtigste Aufgabe von Herrn Mager ist es, einen Schritt zurücktreten, für ein kreatives Umfeld zu sorgen und allen die Möglichkeit zu geben, Ideen einzubringen.

Systemische Verbindungsanalyse

Worum geht es?

Je höher die äußere Komplexität des Umfeldes, desto höher ist auch notwendigerweise die innere Komplexität in Organisationen. Dies führt wiederum dazu, dass die Führungskräfte neue Analyseinstrumente brauchen, um die innere Komplexität zu verstehen und aus diesem Verständnis heraus Handlungen abzuleiten. Dazu muss das Ganze mit Fokus auf die Verbindungen oder Schnittstellen gesehen werden. Und genau da setzt die systemische Verbindungsanalyse an.

Das Denken in Systemen mit ihren Verbindungen bietet einen sehr zentralen Vorteil für Führungskräfte. Oftmals konzentrieren sich Führungskräfte in sozialen Systemen bei gewünschten Veränderungen, Leistungsmängeln oder Konflikten zu sehr auf die Systemelemente, nämlich auf die einzelnen Individuen. Deswegen werden gerne einzelne Personen ausgetauscht, wenn sie auf ihrer Position nicht die erwartete Leistung bringen. Einen wichtigen und häufig vernachlässigten Hebel liefern jedoch die Verbindungen, weswegen es eine wesentliche Führungsaufgabe ist, alle Verbindungen im Blick zu haben, an ihnen zu arbeiten, und keine von vorneherein zu ignorieren oder als weniger relevant zu betrachten. Häufig ist es effektiver, damit zu beginnen, die Verbindungen zwischen den Menschen zu verändern als die Personen selbst.

Zusätzlich setzt die schnelle und adäquate Reaktion auf Veränderungen von außen geeignete Informationsflüsse voraus. Dieses erfordert eine gute Vernetzung und Verbindung der Mitarbeitenden untereinander und auch der Mitarbeitenden zu den Führungskräften. Hinreichend verbundene Menschen sind besser in der Lage, gemeinsam auch kritische Sachverhalte zu diskutieren und lösen.

Und ein weiterer Vorteil ergibt sich aus der aktiven Gestaltung von Verbindungen. Es ist einleuchtend, dass Menschen mit vielen Verbindungen stabiler in der Organisation verankert und dadurch leistungsfähiger sind. Hier entscheidet sich, ob jemand einen „Job“ macht oder seinen Beitrag zu einem großen Ganzen leistet.

Wir sind im MAGIC-Cycle mit der systemischen Verbindungsanalyse primär in der Analysephase, aber natürlich hilft dieses Werkzeug auch in der Mind-Phase oder bei der Generierung von Lösungen und in der Umsetzung.

Wie ist das Werkzeug aufgebaut?

Bereits Einstein erkannte: „Wir können der Tatsache nicht ausweichen, dass jede einzelne Handlung, die wir tun, ihre Auswirkung auf das Ganze hat." Im systemischen Ansatz nimmt man das gesamte System in den Blick, und in einer einfachen Sichtweise besteht jedes System aus den Elementen und den Verbindungen zwischen diesen. Diese simple grobe Unterscheidung ist bereits hilfreich und ausreichend, denn sie erklärt, worauf Führungskräfte achten müssen.

Die systemische Verbindungsanalyse wurde von uns entwickelt und vielfach erprobt. Sie stützt sich auf systemische Ansätze, wie etwa von Kambiz Poostchi beschrieben. Wir fokussieren uns hier auf soziale Systeme, denn speziell Führungsarbeit ist eine Funktion, die das soziale System benötigt und die es beim Fehlen von Führung sonst selbst erzeugt.

Wir unterscheiden drei Arten von Verbindungen (siehe Abbildung 11).

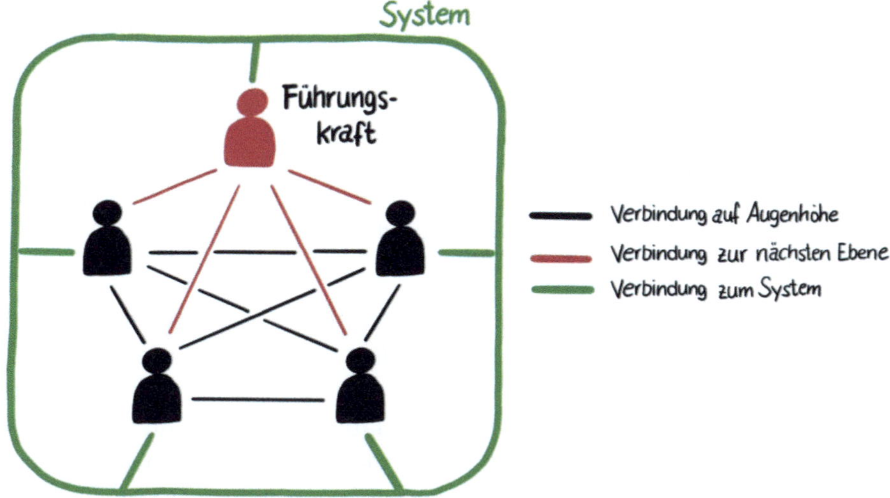

Abbildung 11: Systemische Verbindungsanalyse

Verbindung auf Augenhöhe (die kollegiale Verbindung)

Die Verbindung zwischen Personen auf Augenhöhe meint Personen auf gleicher Hierarchiestufe oder mit vergleichbaren Positionen, zum Beispiel Kollegen oder Peers.

Menschen arbeiten unterschiedlich gut zusammen. Einflussgrößen sind unter anderem Kompetenz, Erfahrung, Alter, Verantwortungsbereitschaft, der Herkunftskulturkreis – also gemeinsame Sprache und Werte – oder die Art der persönlichen Verbindung, die von Freundschaft über eine neutrale Arbeitsbeziehung bis hin zu einem professionellen Umgang bei persönlicher Abneigung reichen kann. All dies führt zu engerer oder loserer Verbindung, was besonders bei Teamwork mit einzubeziehen ist. Speziell im Falle von Menschen mit wenigen persönlichen Verbindungen, die am liebsten „nur ihre Arbeit tun" würden, sind Führungskräfte gefordert: Sie müssen solche Situationen identifizieren und beobachten und diese im Falle von Demotivation, Mobbing oder innerer Kündigung gegebenenfalls entschärfen.

Maßnahmen zum Stärken derartiger Verbindungen sind zum Beispiel alle Arten von Teambildung: also etwa einzelne klassische Teamevents wie gemeinsame Abendessen, Outdoor-Erfahrungen, das gemeinsame Lösen von Aufgaben in der Gruppe, aber auch das Erarbeiten von gemeinsamen Zielen. Ein zeitlich andauernder Ansatz ist das Arbeiten mit Mentoren oder Tutoren, wo erfahrenere Kollegen für die weniger erfahrenen Kollegen als Ansprechpartner zur Verfügung stehen.

Die Verbindung zur nächsten Ebene

Hier geht es um die Verbindung zwischen Personen auf unterschiedlicher Hierarchiestufe, zum Beispiel die Verbindung zwischen einem Mitarbeitenden und seinem Vorgesetzten.

Die Verbindung zum Vorgesetzten ist deswegen besonders, da ein Verbindungspartner eine gewisse Macht über den anderen hat. Diese ist da, auch wenn sie nicht ausgesprochen wird. Der mit weniger Macht ausgestattete Verbindungspartner empfindet diese Situation häufig als Abhängigkeit und gewisse Glaubenssätze steuern dann das Verhalten, beispielsweise „ich muss mich auf eine gewisse Weise verhalten, sonst verschlechtern sich meine Entwicklungschancen".

Gleichzeitig wird im Kollegenkreis sehr wohl wahrgenommen, wenn der Chef häufiger Kontakt zu bestimmten Mitarbeitenden hat und mit diesen einen anderen Umgang pflegt, beispielsweise „netter ist“ oder „öfter nach der Arbeit gemeinsam ein Bier trinkt“. Auch wird beobachtet, wie der Chef mit seinen Kollegen umgeht, wie diese mit ihm umgehen und wie seine Verbindung zu seinem eigenen Vorgesetzten ist.

Eine Führungskraft sollte daher die Gelegenheiten nutzen, die Menschen in ihrem System, das sie verantwortet, kennen zu lernen. Das heißt, sie so gut zu kennen, dass die Führungskraft mit ihren Stellhebeln eine bestmögliche Übereinstimmung mit der jeweiligen persönlichen Wertestruktur der Menschen erreicht. Daraus entsteht intrinsische Motivation bei den Menschen, wodurch bereits die dritte Verbindungsart, die Verbindung zum System, gestärkt wird.

Die Verbindung zum System

Die Verbindung zwischen einer Person und dem jeweils betrachteten System hat aus unserer Sicht das größte Potenzial und ist unter anderem deswegen so wichtig, da sie nicht von anderen Personen abhängt.

Hierbei geht es um die Freude von Menschen, für ein Projekt zu arbeiten oder einen exzellenten Service anzubieten, den man voller Stolz und Inbrunst im Freundeskreis oder in der Öffentlichkeit vertreten kann, weil man beispielsweise etwas Gutes für die Gesellschaft tut. Eine solche Verbindung zum System entsteht zum Beispiel durch die Sinnhaftigkeit der Aufgabe oder durch die Befriedigung, für ein Unternehmen mit hervorragendem Ruf zu arbeiten. Das Systemprinzip „Zugehörigkeit“, ein Grundbedürfnis mit hohem Antriebspotenzial, ist damit besonders angesprochen. Durch den Sinn der Tätigkeit entsteht Zugehörigkeit zum Unternehmen, zum Produkt, zum Projekt. Man stelle sich im Unterschied dazu vor, in einem tollen Team zu arbeiten – auch das erzeugt Zugehörigkeit, jedoch zum Team, nicht aber zum Unternehmen oder zum Produkt – hingegen ist das Produkt, das dieses Team herstellt, keineswegs geeignet, voller Freude darüber zu berichten, zum Beispiel weil es eine Bedrohung für die Gesellschaft darstellt. Dies hätte einen negativen Einfluss auf die Verbindung zum System.

Konsequenzen und Chancen für Führungskräfte

Durch diese Betrachtung der unterschiedlichen Verbindungen wird deutlich, dass Führungskräfte Verantwortung in zweierlei Hinsicht tragen. Einerseits sind sie verantwortlich dafür, wie einzelne Menschen innerhalb der Organisation arbeiten und dass sie maximal wirksam sind (Personalverantwortung). Andererseits tragen sie die Verantwortung für das System, beispielsweise wenn die Führungskräfte die Gesamtverantwortung für ein Entwicklungsprojekt oder eine Produktkategorie haben (Systemverantwortung). Diese beiden Verantwortungen sind nicht immer konfliktfrei, denn manchmal sind Entscheidungen für das System und gegen einzelne Mitarbeitende zu treffen.

Wichtig ist zu verstehen, dass alle drei Verbindungstypen einzahlen auf Motivation und persönliches Commitment der Einzelnen, auf die Bereitschaft zur Verantwortungsübernahme im Team und die Bereitschaft, dem anderen beizuspringen und ihn zu unterstützen. Die Anbindung an eine höhere Idee wirkt jedoch speziell sinnstiftend. Mangelt es in der täglichen Arbeit an Sinn, kann also die Verbindung von Menschen zum System brüchig werden, so dass die innere Kündigung droht. Man wird anfällig dafür, von anderer Seite abgeworben zu werden oder aktiv eine neue Stelle zu suchen.

Führungskräfte haben daher die Aufgabe, über die Themen Dezentralisierung, Delegation und Partizipation die Verbindung zum System herzustellen. Führungsarbeit muss daher in Zukunft bedarfsabhängig wechseln, das heißt von verschiedenen Personen in Angriff genommen werden. Neben der damit einhergehenden Erhöhung der Zugehörigkeit gibt es einen weiteren entscheidenden Vorteil: Wenn Entscheidungen und auch Führungsarbeit dorthin verlagert werden, wo auch das Wissen und die Informationen dazu vorliegen, werden Prozesse stark beschleunigt. Das System wird als Gesamtheit robuster gegenüber „Störungen“, das heißt, es kann besser mit Komplexität umgehen.

Wie kann das Werkzeug angewandt werden?

Das Werkzeug kann man anwenden, indem die Führungskraft achtsam ist, persönliche Gespräche führt und sich darauf basierend ein Bild der bestehenden Verbindungen macht.

Analysiert man die 3 Verbindungsarten, so erhält man beispielsweise ein Bild darüber,

- warum bestimmte Menschen besonders gut miteinander arbeiten können,
- warum Veränderungsvorhaben gut oder schlecht laufen,
- warum und bezüglich welcher Umstände Personen in die innere Kündigung abdriften könnten,
- wo und aus welchen Gründen sich eine Gefahr für ein laufendes Projekt ergeben könnte,
- welche Personen besondere Achtsamkeit benötigen,
- welches die Key Player in der Abteilung sind,
- ob eine Person auf ihrer Position in ihrer Rolle effektiv sein kann,
- oder ob alle Rollen klar definiert sind.

Aus der Verbindungsanalyse wird proaktiv klar, ob und wo Handlungsbedarf für die Führungskraft besteht und was die notwendigen nächsten Schritte sind.

„Verbindungen schaffen Verbindlichkeit"

Herr Mager muss feststellen, dass es immer wieder überraschende Ereignisse gibt, wo sich Menschen „unlogisch" beziehungsweise „irrational" verhalten. Außerdem verlassen zwei Mitarbeitende seine Abteilung.

Vertrauensvoll wirft er einen Blick in das kleine Büchlein, dass mittlerweile einen prominenten Platz auf seinem Schreibtisch gefunden hat. Hierin stößt er auf die systemische Verbindungsanalyse und ist sofort Feuer und Flamme.

Er macht sich daran, ein großes Schaubild zu erstellen. Er beginnt mit den Personen, die er zu Beginn einfach irgendwo hinzeichnet. Danach zeichnet er in den entsprechenden Farben die Verbindungen ein. Er überlegt sich für jede Verbindung, wie stark sie ist und wählt unterschiedliche Strichstärken und auch unterbrochene Linien, um kaum wahrnehmbare Verbindungen anzudeuten. Er zeichnet sehr schnell aus dem Bauch heraus,- ganz nach seiner Vorstellung- die Striche, wohl wissend, dass es sich um seine ganz persönlichen Ansichten handelt. Nun gibt er den Verbindungen Nummern und beschreibt für jede Verbindung den Status Quo und eventuelle Risiken für die Abteilung. Danach definiert er erste Schritte, die er persönlich unternehmen möchte, um nicht optimale Verbindungen zu verbessern.

Herr Mager stellt nun fest, dass Frau Schulze, die einfach gekündigt wurde, gewissermaßen "unehrenhaft entlassen" wurde. Einige Mitarbeitende, die mit ihr ganz gut zusammengearbeitet hatten, verhalten sich nun etwas reserviert. Einige müssen sie auch noch das eine oder andere Mal anrufen und im Tagesgeschäft um ihre Hilfe bitte. Es ist, als ob Frau Schulze noch ein bisschen da wäre.

„Sofort morgen werde ich meinen Mitarbeitenden nochmals erläutern, wie sich die Situation mit Frau Schulze im Guten wie auch im Schlechten entwickelt hatte, und warum das dann zur Trennung von ihr führte", nimmt sich Herr Mager vor. „Ebenso werde ich darstellen, wie sehr meine Bemühungen, für Frau Schulze eine neue Stelle zu finden, gefruchtet haben."

Hinsichtlich der zwei Mitarbeitenden, die seine Abteilung verlassen haben, stellt sich heraus, dass einer von den Kollegen vermisst wird, der andere aber praktisch gar nicht. Es ist, als wäre er nie dagewesen. Herr Mager erkennt, dass dieser zu niemandem Kontakt hatte, außer zu seinem besten Freund, dem er nun auch gefolgt ist. „Wieso ist mir das eigentlich nie aufgefallen?", denkt sich Herr Mager. „Ich werde in Zukunft viel stärker auf die Verbindungen zwischen meinen Mitarbeitenden achten. Nur so kann ich rechtzeitig reagieren."

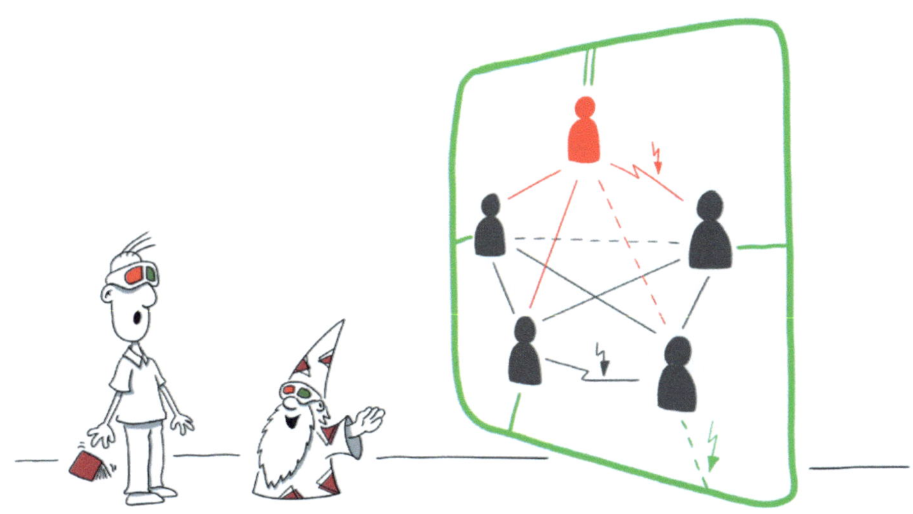

Abbildung 12: Zusammenhänge werden transparent

Jetzt sieht Herr Mager auch, dass er ein paar Menschen in seiner Abteilung, die recht neu sind, eigentlich noch gar nicht richtig kennt. Hier hat er die Anbindung an das System sehr dünn eingezeichnet. Es wird ihm klar, dass er sich viel zu wenig Zeit für das Thema Onboarding genommen hat und zu wenig über den Sinn seiner Abteilung erzählt hat.

Angeregt durch die Erkenntnisse kommt ihm der Gedanke, wie wohl von den Mitarbeitenden seine eigene Verbundenheit mit der Abteilung und dem Unternehmen wahrgenommen würde. Er reflektiert also auch diese Verbindung intensiv, was ihm ein gutes Gefühl beschert, da er jetzt erst richtig realisiert, warum er so gerne für dieses Unternehmen arbeitet.

„Unglaublich, dass ich in so kurzer Zeit so wesentliche Erkenntnisse gewinnen konnte. Die systemische Verbindungsanalyse werde ich in Zukunft öfter einsetzen“, ist Herr Mager begeistert.

Adaptives Entscheidungsmodell

Worum geht es?

Entscheidungen zu treffen, ist ein Grundstein des Führens. Auch in „modernen" Führungsansätzen, in welchen Team- und individuelles Empowerment stark in den Vordergrund treten und somit Entscheidungen mehr und mehr delegiert werden, bleiben dennoch bestimmte Entscheidungen bei der Führungskraft - beispielsweise solche, die eine starke strategische Komponente aufweisen oder sehr kritisch hinsichtlich deren Auswirkung sind. Auch dann, wenn die Mitarbeitenden aufgrund verhärteter Fronten keine Entscheidungsfähigkeit herstellen können, muss unter Umständen die Führungskraft selbst entscheiden.

Wie bereits im Cynefin-Modell beschrieben, existiert ein signifikanter Unterschied zwischen komplizierten und komplexen Situationen. Dieser Unterschied gilt gleichermaßen für das Thema Entscheiden und soll hier in weiterer Folge differenziert mittels des adaptiven Entscheidungsmodells vorgestellt werden.

Wie ist das Werkzeug aufgebaut?

Beim klassischem Entscheidungsmodell handelt es sich um eine Visualisierung von Entscheidungssituationen sowie deren wesentlichen Einflussgrößen, um daraus Hinweise für ein effektives Verhalten abzuleiten. Auf der x-Achse wird die Zeit aufgetragen und auf der y-Achse die vom Entscheider subjektiv wahrgenommene Entscheidungssicherheit (siehe Abbildung 13).

Jede Entscheidung ist mit Risiko verbunden, dennoch ist das Ausmaß des Restrisikos ein wesentlicher Faktor in diesem Modell. Bei sehr niedriger Sicherheit – somit einem hohen Risiko, eine Fehlentscheidung zu treffen - befindet man sich im Bereich des Ratens. Bei höherer Entscheidungssicherheit aufgrund einer besseren Informationslage bewegt man sich auf der y-Achse des Modells nach oben und landet im Bereich des Abwägens. Dies ist die häufigste Entscheidungssituation in der Praxis. Im obersten Bereich wird das Wissen über die Richtigkeit der Entscheidung so belastbar, dass de facto nur mehr ein Auswählen der nun einzig richtigen Lösung stattfindet.

Grundsätzlich scheint dieses Minimalrisikoniveau immer das Ziel zu sein, wäre damit zumeist nicht ein signifikanter Zeit- und Ressourcenaufwand verbunden. Zusätzlich gibt es viele Fälle, wo auch durch zusätzlichen Aufwand nicht mehr an Entscheidungssicherheit gewonnen werden kann. Dies wird im Modell durch die abflachende Kurve ausgedrückt. Wird zu diesem Zeitpunkt die Entscheidung nach hinten verschoben, um die Entscheidungssicherheit weiter zu erhöhen, werden nicht nur Ressourcen im Sinne von Zeit und Geld verschwendet, sondern auch die Chancen nicht genutzt, die bei einer zu späten Entscheidung aufgrund des dynamischen Umfeldes einfach nicht mehr da sind. Dies ist somit äußerst schädlich für Unternehmen.

Auf der x-Achse wird zusätzlich noch der letztmögliche Entscheidungszeitpunkt als „Entscheidungswand" eingetragen (siehe Abbildung 13). Nach dieser liegt die Initiative nicht mehr in den Händen des Entscheiders, sondern wird von jemand anderem übernommen oder die Entscheidung ist dann einfach nicht mehr relevant. Beispielsweise hat sich dann eine Marktchance geschlossen, weil ein Mitbewerber diese schneller genutzt hat.

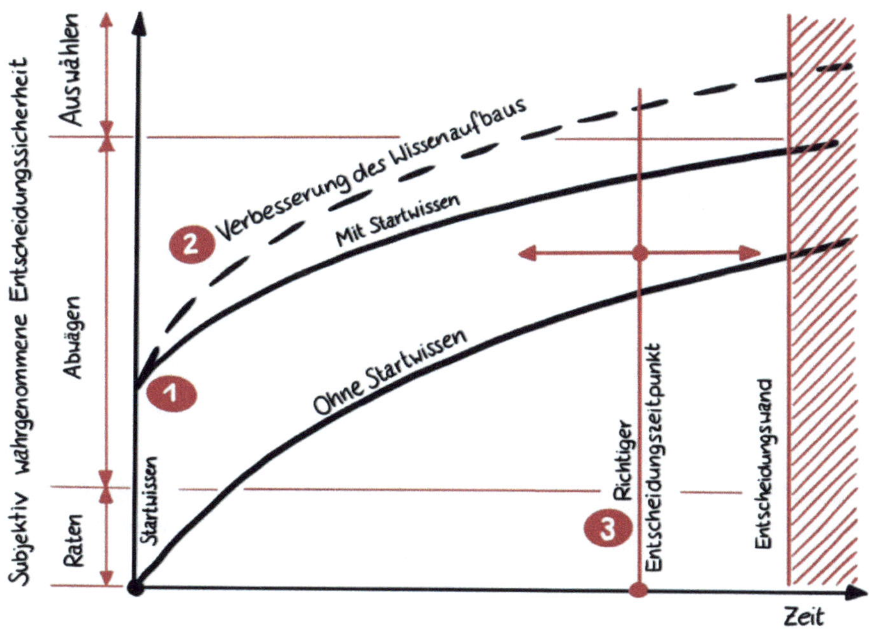

Abbildung 13: Das klassische Entscheidungsmodell

In diesem Modell geht es nun darum, den möglichen und sinnvollen Zuwachs an Entscheidungssicherheit mit dem richtigen Vorgehen und einem idealen Entscheidungszeitpunkt in Einklang zu bringen. In kurzen Worten: Wie entscheide ich situativ besser?

Man sieht die drei grundsätzlichen Stellhebel, die man als Führungskraft hat, um zu besseren Entscheidungen zu kommen:

- Das Startwissen erhöhen, zum Beispiel durch Delegation von Entscheidungen.
- Den Wissensaufbau beschleunigen, zum Beispiel durch gute Kommunikation und indem die richtigen Experten an einen Tisch geholt werden.
- Den richtigen Entscheidungszeitpunkt festlegen.

Der richtige Entscheidungszeitpunkt hängt zunächst von der Entscheidungswand ab und sollte zeitlich davor sein. Führungskräfte, die zu sehr unter Druck sind, neigen dazu, die Entscheidungswand nicht mehr realistisch einzuschätzen. Daher sind Führungskräfte gut beraten, den spätestmöglichen Entscheidungspunkt im Team zu besprechen und festzulegen.

Der richtige Entscheidungszeitpunkt hängt aber auch davon ab, welche Auswirkungen die Entscheidung hat. Wenn es sich um eine unkritische Situation handelt (beispielsweise welche Geschmacksrichtung wähle ich heute im Eissalon), kann grundsätzlich ein höheres Fehlerrisiko akzeptiert werden. Damit kann auch ein schnelles Abwägen oder sogar ein Raten ausreichen, um in effizienter Art und Weise eine schnelle Entscheidung zu treffen.

Im Gegensatz dazu wird man bei Entscheidungen mit sehr hoher Tragweite und keinerlei Möglichkeit zur Nachkorrektur einen deutlich höheren Sicherheitsgrad benötigen, damit aber gegebenenfalls auch einen sehr großen Zeitaufwand in Kauf nehmen, der sogar über die Entscheidungswand hinausreichen kann.

Das adaptive Entscheidungsmodell im komplexen Kontext

Im Komplizierten gibt es zwar eine hohe Zahl von Abhängigkeiten und viele nicht auf Anhieb verstandene Aspekte. Durch eine tiefgehende Analyse kann die Aufgabenstellung aber dauerhaft gelöst werden. Für

Entscheidungssituationen bedeutet das, dass über die Zeit durch geeignete Analysemaßnahmen ein Zuwachs an Entscheidungssicherheit erfolgen wird. Die Führungsaufgabe besteht wie bereits erwähnt darin, einen großen Gradienten des Sicherheitszuwachses zu generieren, damit rechtzeitig die „richtige" Entscheidung getroffen werden kann. Diese Vorgehensweise wird „Point-Based-Decision" genannt.

Im unsicheren komplexen Umfeld hingegen besteht per definitionem eine hohe Unsicherheit beim Entscheiden, weil ja Ursache-Wirkungsbeziehungen erst im Nachhinein ermittelt werden können. Es ist daher nur möglich, Risiken und Chancen auf Annahmen basierend einzuschätzen und danach zu entscheiden. Die Entscheidung beruht auf Hypothesen, welche regelmäßig überprüft und je nach Bedarf adaptiert werden müssen.

Damit wird ein bisher monolithischer Entscheidungsprozess in kleine Abschnitte zerteilt. Jeder Zwischenentscheidungspunkt ermöglicht vor allem bei sich dynamisch entwickelnden Situationen eine Adaption des Weges und damit auch gegebenenfalls das Finden einer neuen Lösung. Als Grundsatz gilt hier, sich zum spätesten noch vertretbaren Zeitpunkt – also definitiv noch vor der Entscheidungsmauer – final zu entscheiden, und sich möglichst lange Optionen zum Reagieren offen zu halten. Dieser Ansatz wird „Set-Based-Decision" genannt.

Somit ergibt sich in unserem Entscheidungsmodell keine stetige Zunahme der Entscheidungssicherheit. Es braucht Zwischenentscheidungen, damit überhaupt die Entscheidungssicherheit zunehmen kann und je nach Lerneffekt nach der Entscheidung kann es zu einem Anstieg oder auch zu einer Reduktion der Entscheidungssicherheit kommen (siehe Abbildung 14). Klar ist auch, dass im Komplexen in der Regel das Startwissen eher gering sein wird und es die Fähigkeit braucht, auch bei großer Unsicherheit zu entscheiden.

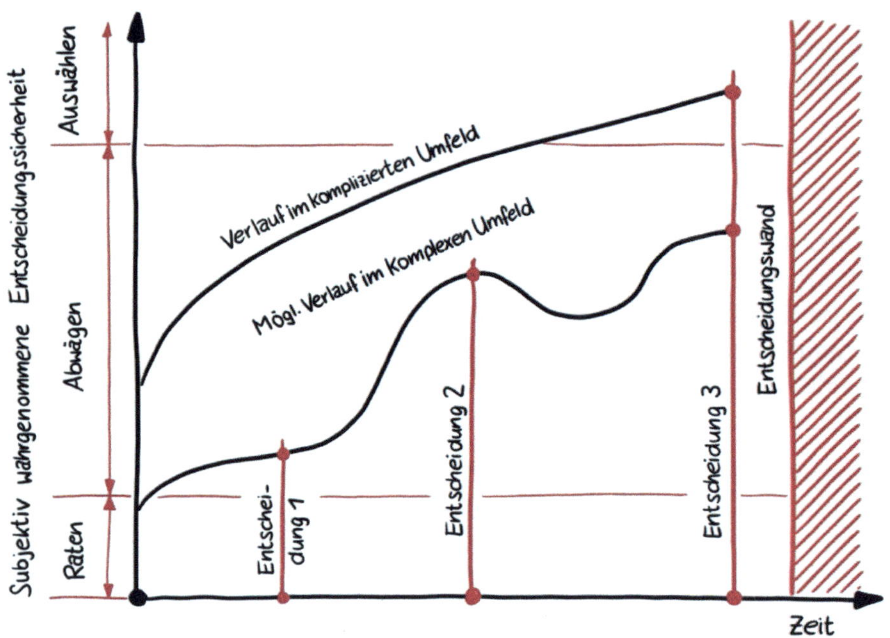

Abbildung 14: Das adaptive Entscheidungsmodell

Wie kann das Werkzeug angewandt werden?

Welche Erkenntnisse für die Führung kann man daraus ableiten? Wenn sich Entscheidungssituationen im Komplexen bewegen, dann werden folgende Aspekte an Wichtigkeit gewinnen:

- Große Entscheidungen in handhabbare Teilentscheidungen aufteilen und möglichst schnelle Feedbackzyklen nutzen (wie zum Beispiel beim Inspect & Adapt Vorgehen).
- Den Reaktionsraum, das heißt die Varianten so lange wie möglich offenhalten.
- (Zwischen-)Entscheidungen sehr eng verfolgen und auch feine Signale aufnehmen, um bei Bedarf anzupassen.

Gerade wenn es um den dritten Punkt geht, ist es für Führungskräfte wichtig, alle drei Entscheidungszentren Kopf, Bauch und Herz ganz bewusst zu berücksichtigen.

Sehr häufig wird angenommen, dass Entscheidungen rein aus meist langwierigen rationalen Überlegungen (Faktenlage, „Kopf") getroffen werden. Meistens kommen jedoch Erfahrungen aus der Vergangenheit in die Bewertung von Entscheidungen hinzu. Menschen sind sehr effektiv im Erkennen von Mustern. Dies ermöglicht es, Entscheidungen deutlich schneller und scheinbar sicherer zu treffen. Nachdem dieses Bauchgefühl aber quasi ein Blick in den Rückspiegel bedeutet, kann es sein, dass man in neuen Situationen mit neuen Abhängigkeiten die falschen Schlüsse zieht. Es ist daher wichtig, den Anteil des Bauchgefühls auch richtig zu bewerten.

Das dritte Entscheidungszentrum ist das Herz, welches hier für die emotionale Seite steht. Aspekte wie persönliche Begeisterung, Sympathien oder Antipathien spielen in die Entscheidung mit hinein und beeinflussen damit das Ergebnis. In der Regel ist eine Führungskraft ohne eine ausreichende Selbstreflexion nicht in der Lage, diesen Aspekt in Entscheidungssituationen zu artikulieren.

Unterm Strich erweisen sich diejenigen Entscheidungen als besonders tragfähig, bei welchen alle drei Entscheidungszentren in Harmonie sind.

„Die Weichen richtig stellen"

Herr Mager muss mit seinem Team dringend eine wichtige Entscheidung treffen: Welche Produktideen sollen aufgegriffen, welche aufgegeben werden? Die Zeit drängt und seine Chefin sitzt ihm bereits intensiv im Nacken, weil sich der Hauptmitbewerber offensichtlich schon eine vorteilhafte Marktposition erarbeiten konnte. Glücklicherweise befinden sich in der Entwicklungspipeline aktuell einige vielversprechende Konzepte. Herr Mager weiß, wenn man bis Jahresende nicht ein starkes Produkt zur Markteinführung bringt, wird die Lage kritisch. Er weiß von seinem Team außerdem, dass es vom Proof of Concept bis zur Markteinführung erfahrungsgemäß ca. 6 Monate braucht. Es bleibt also nicht mehr viel Zeit. Und eines ist klar: Die Entscheidung ist so wichtig, dass hohe Entscheidungssicherheit anzustreben ist.

Heute um 15 Uhr hat seine Chefin noch dazu kurzfristig zu einem Meeting geladen, um die Entscheidung mitzugestalten. „Eigenartig“, denkt Herr Mager schon im Besprechungsraum, „sie kommt doch nie zu spät und müsste schon längst da sein?“ In diesem Moment läutet das Telefon und seine Chefin berichtet ihm, dass ihr Weg von einem Geschäftstermin zurück in die Firma wie verhext war: zuerst sei sie im Stau gestanden, dann sei sie aufgrund einer Straßensperre weit umgeleitet worden und jetzt streike noch dazu ihr Auto. Sie könne somit nicht zum Meeting kommen und erwarte daher beim nächstwöchigen Meeting seine Entscheidung.

„Das ist die genau die Zeit, die ich noch brauche. Diese Chance muss ich nutzen! Gut, dass ich gerade gestern Abend das Kapitel über Entscheidungen in meinem Buch gelesen habe“, denkt sich Herr Mager. „Jedes Konzept hat bereits eine Basisbewertung bezüglich Machbarkeit und Nutzwert erfahren, wir starten daher nicht bei null. Ich werde sofort einen Workshop organisieren und mein Team bitten, mithilfe des Entscheidungsmodells ihre Einschätzung zu unserer Situation zu geben. Hoffentlich bekommen sich meine beiden Teamleiter, Herr Kneissl und Herr Huber, nicht in die Haare.“

Als nun im Workshop Herr Mager alle um ihre Einschätzung bittet, waren überraschenderweise seine beiden Teamleiter in der Software und Hardware der gleichen Meinung: Eine weitere Analyse der verschiedenen Konzepte brächte keinen Wissenszuwachs mehr.

„Wir müssen den Entscheidungsprozess in Teilentscheidungen aufteilen, das heißt, uns jetzt für ein Konzept entscheiden und mit Hilfe eines Prototypen rasch Kundenfeedback einholen. Daraus lernen wir und müssen gegebenenfalls unsere Entscheidung revidieren“, sagt Herr Kneissl. „Ja genau“, bestätigt Herr Huber von der Hardware, „und vorher brauchen wir aber noch einen Architekturworkshop, um uns durch eine geschickte Taktik spätere Möglichkeiten zur Variantenbildung offen zu halten.“ „Und außerdem könnten wir noch durch Parallelisierung von Maßnahmen der Produktfreigabe die Entscheidungswand ein wenig nach hinten schieben“, bringt sich der Qualitätsleiter auch noch ein.

Abbildung 15: Die richtigen Stellhebel finden

Herr Mager kann sein Glück kaum fassen. Nicht zuletzt aufgrund des adaptiven Entscheidungsmodells wurde konstruktiv diskutiert und konnten Lösungen abgeleitet werden, die sich fast logisch ergaben. Er hatte ja im Buch den Begriff „Set-Based-Decision" gelesen und war begeistert von der Idee gewesen. Ohne den Begriff erklären zu müssen, wurde wie selbstverständlich dieser Ansatz von seinen Mitarbeitenden aufgenommen.

Auch seine Chefin ist in der Folgewoche mit diesem Vorgehen einverstanden und sagt ihre Unterstützung zu. Und tatsächlich konnte das Unternehmen im nächsten Jahr nicht nur einen wichtigen Produkterfolg einfahren, sondern durch das gemeinsame Vorgehen wurde auch der Teamgedanke gestärkt. Rückblickend erinnert sich Herr Mager gerne an diesen besonderen Entscheidungsworkshop und das kleine unerwartete „Geschenk des Himmels", welches diesen Erfolg erst ermöglicht hatte.

KISS-Modell

Worum geht es?

Komplexe Anforderungen brauchen auch komplexe Lösungen. Das stimmt sicher bis zu einem gewissen Maß, aber kann es nicht insbesondere im komplexen Umfeld auch vorkommen, dass Lösungen unnötig komplex sind? Diese Frage haben sich vermutlich alle Führungskräfte schon mal gestellt, spätestens, wenn in einer Besprechung eine aktuelle Lösung präsentiert wird, die nur der Experte versteht und bei der selbst dieser Probleme hat, sie gut und nachvollziehbar zu erklären.

Häufig wird Einstein mit folgender Redewendung zitiert: "Mach die Dinge so einfach wie möglich, aber nicht einfacher." Dies wird auch durch das KISS-Prinzip ausgedrückt, wobei das Akronym am treffendsten mit „Keep it simple and smart" übersetzt wird.

Das KISS-Prinzip besagt, dass die meisten Systeme am besten funktionieren, wenn sie einfach gehalten und nicht unnötig komplex gemacht oder gelassen werden. Daher sollte Einfachheit ein zentrales Ziel in der Lösung sein und unnötige Komplexität auch aus Kostengründen vermieden werden.

Das KISS-Prinzip ist im MAGIC-Cycle dem Finden und Entscheiden von Lösungen zugeordnet, weil letztlich vor der Entscheidung für eine Lösung sichergestellt werden muss, dass diese so weit wie möglich vereinfacht wurde.

Wie ist das Werkzeug aufgebaut?

Auf der y-Achse ist die Komplexität der bestehenden Lösung(en) aufgetragen. Zum Zeitpunkt Null ist die Komplexität der bisherigen Lösung gemeint; der Startpunkt kann somit sehr unterschiedlich sein.

Werden Menschen nun mit komplexen Fragestellungen konfrontiert, muss zunächst die Aufgabe geklärt werden. Hier kann es vorkommen, dass – ausgelöst durch die Motivation, schnell eine Lösung zu finden – das Problem zu stark vereinfacht wird und ein Schnellschuss als Lösung ausgewählt wird. Dieser zeichnet sich zwar durch niedrige Komplexität aus, ist aber nicht geeignet, die Aufgabenstellung nachhaltig zu lösen. Es wurde zu stark vereinfacht und die Lösung kann die relevanten Anforderungen nicht erfüllen. Man sinkt unter die notwendige oder zu akzeptierende Komplexität, die der Lösung inhärent innewohnen muss. Wichtig in dieser Phase ist es, die Notwendigkeit zu erkennen, im Detail den komplexen Sachverhalt zu untersuchen.

In der Analyse-Phase muss das Problem kognitiv durchdrungen und immer besser verstanden werden. Dazu ist in den Wissensaufbau zu investieren, der in der Regel mit einer Zunahme der Komplexität von Lösungsideen einhergeht. Es müssen zunächst das Symptom beschrieben, Ziele festgelegt, Daten erhoben und analysiert und an Ursachen geforscht werden, um schließlich eine Lösung des Problems zu erhalten. Eventuell ist eine mögliche Lösung noch prototypisch zu testen, um sicherzugehen, dass sie auch wirklich funktioniert. Schritte also, die wir aus der Beschreibung von typischen Problemlösungsprozessen kennen.

Nach der Lösungsauswahl kommt in dem Modell jedoch noch ein wichtiger Schritt, der gerne vergessen wird und gerade im komplexen Umfeld unerlässlich ist. Bei solchen Aufgabenstellungen ist nämlich die gefundene Lösung sehr wahrscheinlich noch zu komplex für eine allgemeine Anwendung, und sie wird auch nur von wenigen verstanden (siehe Abbildung 16).

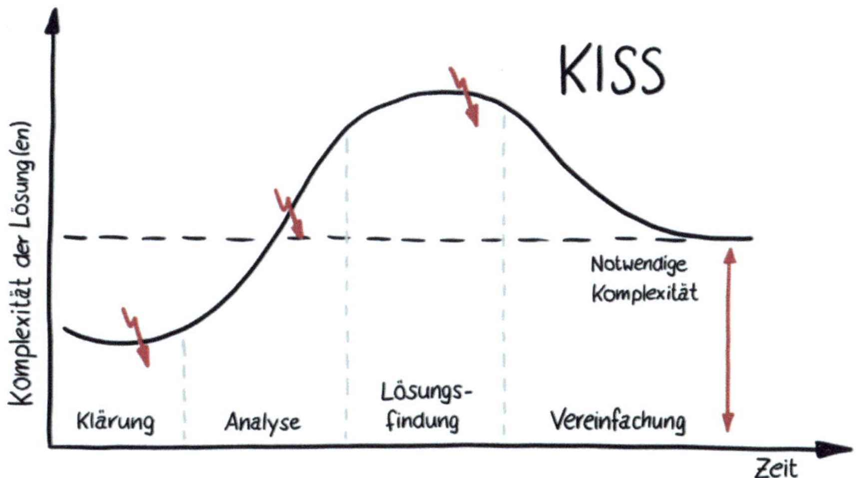

Abbildung 16: Das KISS-Modell

Denn nur wenn die Lösung so vereinfacht wurde, dass sie auch einfach zu verstehen und damit in der Regel einfacher umzusetzen ist, entsteht der

Nutzen für einen weiten Kreis von Beteiligten. Dies bedeutet in weiterer Konsequenz, dass wir nicht nur Experten brauchen, die gut in der Lösungsfindung sind, sondern auch Experten, die Lösungen gut vereinfachen können.

Letztlich mündet die Komplexitätskurve in eine Horizontale, was besagt, dass eine weitere Vereinfachung nicht mehr möglich ist. Wir sind bei der notwendigen Komplexität angekommen.

Wie kann das Werkzeug angewandt werden?

Das Werkzeug zeigt drei wesentliche Gefahren auf, die im Modell als Blitze gekennzeichnet sind und die besondere Aufmerksamkeit von Führungskräften notwendig machen.

Zunächst ist in der Phase der Klärung sicherzustellen, dass das Problem nicht auf die leichte Schulter genommen oder zu stark vereinfacht wird. Führungskräfte müssen der Versuchung widerstehen, eine schnelle, vermeintlich einfache Lösung zu bevorzugen, indem sehr sorgsam geprüft wird, wie komplex sich die Aufgabenstellung darstellt und ob die präsentierte Lösung tatsächlich alle relevanten Anforderungen erfüllt.

In der Analysephase besteht die Gefahr, dass sich Experten zu sehr im Detail verlieren. Das Phänomen „Paralyse durch Analyse" haben wir bereits im Cynefin-Framework behandelt. Führungskräfte können hier unterstützen, indem sie von außen Impulse einbringen in Form von neuen Lösungsideen oder neuen Personen.

Die vielleicht wichtigste Führungsaufgabe besteht nach der Lösungsauswahl. Man kann davon ausgehen, dass bis dorthin die beteiligten Personen intrinsisch motiviert sind. Die dann auftretende Führungsaufgabe besteht darin, die fachlich hervorragenden Experten dahingehend zu motivieren, die Lösung weiter zu vereinfachen, obwohl man ja „im Prinzip fertig ist". Es kann auch die Aufgabe der Führungskraft sein, für die Vereinfachung andere Menschen zu beauftragen. Der beste Lösungsfinder muss nicht unbedingt derjenige mit großer Leidenschaft zur Vereinfachung sein.

Wir dürfen dabei nicht vergessen, dass die Vereinfachung Zeit und Geld kostet, die investiert werden müssen. Auch ist es wichtig, dass man den Optimierungsprozess zur Komplexitätsreduktion weder zu früh noch zu spät einleitet. Beginnt man zu spät, hat man es mit in die Lösung verliebten Experten zu tun. Man wird nicht oder zu spät fertig und die Lösung wird zu teuer. Beginnt man zu früh mit der Verringerung der Komplexität, so erreicht man gar nicht erst die notwendige Komplexität der Lösung.

Vordergründig kann dieses Werkzeug für technische Problemstellungen in der Entwicklung verwendet werden, wenn es beispielsweise darum geht, möglichst einfache Softwarelösungen zu entwickeln, die sich durch eine besonders einfache Architektur auszeichnen und damit beispielsweise leicht wartbar sind oder die Fehlersuche sehr einfach ist.

Das Modell kann aber für alle Arten von Aufgabenstellungen verwendet werden, beispielsweise für die Lösung von Qualitätsproblemen, weil auch hier oftmals unnötig komplexe Abhilfemaßnahmen eingeleitet werden.

Das Werkzeug gilt auch für organisatorische Aufgabenstellungen. So sind in einfachen Organisationen die Berichtswege klar, einheitlich und nachvollziehbar. Die Verantwortung kann leichter zugeordnet und übernommen werden.

„Ballast abwerfen“

„Schnell“, sagte Herr Mager zu seinen Teamleitern, „heute haben wir unser wichtiges Meeting, wo Herr Seidl seine Lösung präsentieren wird. Ihr wisst schon, wir haben ja schon seit einigen Monaten Probleme mit elektromagnetischer Verträglichkeit und deshalb so viele Feldbeanstandungen. Herr Seidl hat das Problem nun vorgestern endlich gelöst.“ Herr Kneissl, der Teamleiter der Software, denkt sich nur: „Was zum Teufel ist elektromagnetische Verträglichkeit?“

Schließlich startet das Meeting und Herr Seidl legt los. Lang und breit erklärt er die Problemstellung und auch die Mühen, die er hatte, um sein Problem zu lösen. Bis ihn Herr Mager höflich bittet, doch bitte jetzt zur Lösung zu kommen. „Na gut“, sagt Herr Seidl, „ich werde mal versuchen, euch die Lösung zu erklären. Sie ist im Grunde genommen sehr einfach: Es ist nämlich so, dass wir 17 Parameter gefunden haben, die einen Einfluss haben und durch eine Simulation mit Mehrzieloptimierung haben wir eine Pareto-Front gefunden, mit der man...“. Aber so sehr sich Herr Mager auch konzentriert, er kann die Lösung nicht verstehen, ja er kann nicht mal mehr den Worten lauschen und als er sich umblickt, bemerkt er, dass es allen so geht. Abgesehen davon, dass

Herr Seidl offenbar Mühe hat, die Lösung zu erklären, ist er sich jetzt nicht mehr sicher, dass das wirklich die einfachste Lösung ist.

„Lieber Kurt“, sagt Herr Mager, „tut mir leid, ich kann deinen Ausführungen nicht folgen, aber bist du dir sicher, dass du die einfachste Lösung gefunden hast?“ Herr Seidl schaut Herrn Mager ungläubig an. „Was meint er mit der einfachsten Lösung, es war schon schwierig genug, das Problem zu lösen und erst vorgestern habe ich es geschafft“, denkt er sich.

„Ich habe eine Idee“, sagt Herr Kneissl. „Wir in der Software arbeiten schon länger nach dem KISS-Prinzip, das heißt, nachdem wir eine Lösung gefunden haben, setzen wir uns in einem kleinen Team zusammen und analysieren die Lösung nach möglichen Vereinfachungen. Hierzu nehmen wir immer mindestens einen Außenstehenden mit an Bord und erst, wenn dieser die Lösung gut erklären kann und uns keine Vereinfachungen mehr einfallen, dann setzen wir die Lösung um – wir nennen das KISS-Workshop. Ich würde mich anbieten, die Rolle des Außenstehenden einzunehmen“. „Sehr gut“, sagt Herr Mager. Er weiß, dass Herr Kneissl ein sehr begabter Trainer ist und außerdem ein Fan von Einfachheit.

Abbildung 17: Die Ergebnisse des KISS-Workshops begeistern

Und wirklich gelingt es dem Team, die Lösung stark zu vereinfachen. Beispielsweise konnte man die 17 Parameter auf 4 reduzieren und Herr Kneissl kann die Lösung mit einfachen Worten erklären.

Auch Herr Seidl muss zugeben, dass die neue Lösung große Vorteile hat. Er ist jedoch in Gedanken schon beim nächsten Problem, das es zu knacken gilt. „Gut so", denkt sich Herr Mager, „aber diese KISS-Workshops werden wir in Zukunft öfter durchführen."

Modell der logischen Ebenen

Worum geht es?

Ein volatiles Umfeld führt dazu, dass sich Unternehmen immer schneller an die neuen Gegebenheiten anpassen müssen und sich viel öfter in Veränderungsprozessen befinden als bisher. Die Fähigkeit, sich effizient und effektiv und damit auch schneller als die Konkurrenz zu verändern, ist eine Kernkompetenz von Unternehmen und deren Führungskräften.

Warum scheitern aber so viele Veränderungsprozesse, die mit viel Elan und guten Vorsätzen gestartet wurden? Landläufig spricht man davon, dass Projekte entweder zu „kurz springen“ oder ihnen auf dem Weg „die Luft ausgeht“. Viele Unternehmen beschränken ihren Veränderungsprozess auf eine Veränderung in der Aufbauorganisation und ein begleitendes Schulungsprogramm. Nach einer Weile stoßen sie bei der Umsetzung jedoch an Grenzen, da sie den kulturellen Aspekt einer Veränderung vergessen oder unterschätzt haben.

Das Modell der logischen Ebenen, auch Ebenen der Veränderung oder Dilts-Pyramide nach ihrem Gestalter Robert Dilts genannt, liefert ein schlüssiges Erklärungsmodell, das sowohl für individuelle als auch für organisatorische Veränderungsprozesse herangezogen werden kann. Es ist somit für Führungskräfte eine wertvolle Hilfe, um ihre Umsetzungskraft zu stärken. Im MAGIC-Cycle befinden wir uns bereits bei der Implementierung.

Wie ist das Werkzeug aufgebaut?

Die logischen Ebenen basieren auf der Idee, dass die Veränderungsdynamik bei Menschen, Teams und ganzen Organisationen durch aufeinander aufbauende Ebenen gekennzeichnet ist.

Die obersten vier Ebenen können dabei als implizite Kultur bezeichnet werden, die auch die Art des Denkens einschließt und meist nicht sichtbar und unbewusst ist. Dagegen entsprechen die unteren Ebenen der expliziten Kultur, die sich auf die beobachtbaren Handlungen bezieht.

Die Ebenen stehen bewusst in einer Hierarchie zueinander. Das bedeutet, dass die nächsthöhere Ebene stets die darunter liegende Ebene bestimmt und somit verändern kann. Gleichzeitig kann man aufgrund der Wirkung oder eben auch Nicht-Wirkung auf unteren Ebenen wertvolle Schlüsse für die höheren Ebenen im Sinne von Lernen ziehen (siehe Abbildung 18).

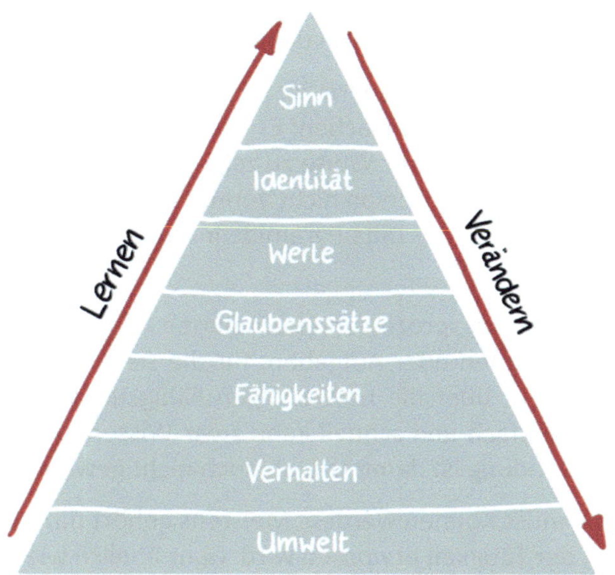

Abbildung 18: Das Modell der logischen Ebenen (Dilts-Pyramide)

Aus dieser Abhängigkeit wird deutlich, dass es unmöglich ist, manche Veränderungen auf einer unteren Ebene anzuregen, umzusetzen oder sogar über einen längeren Zeitraum beizubehalten, ohne die darüber liegenden Ebenen mitzuverändern. Die Empfehlung für nachhaltige Veränderungen lautet daher, in der Pyramide so hoch wie möglich zu beginnen.

Ebene der Umwelt und Umgebung

Die am einfachsten zu beeinflussende Ebene ist die der Umgebung. Das Organigramm wird geändert, die IT-Landschaft wird entsprechend der neuen Struktur geschaffen, die Verwaltung führt die internen Umzüge aus und der Mitarbeitende sitzt in seinem neuen Büro. Diese Formen der Veränderung sind einfach und schnell zu leisten. Die Gefahr besteht darin, dass damit der Veränderungsprozess als abgeschlossen gesehen wird und die weiteren Ebenen der Veränderung vernachlässigt werden. Gerade die weiteren Ebenen sind es jedoch, die die Nachhaltigkeit einer Veränderung gewährleisten.

Ebene der Verhaltensweisen

Die zweite Ebene der Veränderung betrifft die Verhaltensweisen. Eine Führungskraft oder ein Mitarbeitender muss sich in seine neue Rolle einfinden. Sein Auftreten und Verhalten müssen der Veränderung entsprechen.

Dass Menschen ihr Verhalten ändern, ist nicht einfach. Das Fehlen von kongruentem Verhalten hat viele Ursachen: Es können Vorbilder fehlen, es kann ungewohnt sein, sich in anderer Weise zu zeigen und es kann mit den sonstigen Werten der jeweiligen Person nicht vereinbar sein. Damit kommen bereits die nächsten Ebenen der Dilts-Pyramide ins Spiel.

Ebene der Fähigkeiten und Fertigkeiten

In manchen Veränderungsprozessen übernehmen Führungskräfte wie auch Mitarbeitende Positionen oder Aufgaben, für die sie zumindest zum Übernahmezeitpunkt nicht über die notwendigen Fähigkeiten und Fertigkeiten verfügen. Relativ einfach und schnell kann zwar Wissen erworben werden, die konkrete Anwendung ist damit jedoch noch nicht gewährleistet.

Aus dem Wissen muss Können werden. Meistens gehört dazu Erfahrung, die erst mit der Zeit der Tätigkeit erworben wird. Ganz ähnlich wie beim Erlernen des Autofahrens kann vielleicht die Fahrprüfung bereits bestanden sein, dennoch fehlt die Erfahrung, die dann zu kompetentem Fahren führt.

Es ist somit zu beachten, dass Veränderungen auf dieser Ebene wesentlich mehr Zeit benötigen als auf darunter liegenden Ebenen. Bei Veränderungsvorhaben, die neue Fähigkeiten der Beteiligten voraussetzen, muss rechtzeitig begonnen werden, diese Fähigkeiten und Fertigkeiten aufzubauen.

Ebene der Glaubenssätze

Die oftmals blockierenden Glaubenssätze werden in der frühen Sozialisation und im späteren Leben durch Erfahrung erworben und haben unmittelbare Auswirkung auf das nach außen sichtbare Verhalten. Diese Glaubenssätze haben nichts mit Religion zu tun, sondern sie beschreiben die nicht hinterfragten Überzeugungen von Menschen. Es sind oft Erfahrungen aus einzelnen Erlebnissen, die zu Verallgemeinerungen gemacht und dann als gegeben angenommen werden, zum Beispiel: “Ich kann das nicht” oder “Man macht das nicht”.

Im Unternehmenskontext finden wir als Beispiele für Glaubenssätze Formulierungen wie etwa: "Das haben wir schon immer so gemacht!" oder "Das machen wir hier bei uns so und nicht anders!" Auf diese Weise wird häufig Kreativität blockiert und Innovation behindert. Veränderungen der Glaubenssätze sind auf individueller Ebene unter Anleitung eines Coaches möglich. Im unternehmerischen Kontext kann man dieses Thema angehen, indem man zum Beispiel im Team fragt: "Welche förderlichen zugrundeliegenden Glaubenssätze wollen wir in unserem Bereich haben?"

Ebene der Werte

Dem Bereich der Werte nähert man sich durch die Beantwortung von Fragen wie etwa „Was ist für uns wichtig?" oder „Was sollte erfüllt sein, damit wir zufrieden sind?".

In der Unternehmenspraxis werden die Schwierigkeiten, die Mitarbeitende aufgrund der Unvereinbarkeit von betrieblichen Veränderungen mit ihren eigenen Werten haben, oft zu wenig beachtet. In der Regel führt dies zu inneren Konflikten bei den Mitarbeitenden, das heißt, in der Dilts-Pyramide zu Konflikten zwischen der Ebene der persönlichen Werte und der Ebene des Verhaltens. Bleiben diese Konflikte unbewusst, führt das zu Demotivation bis hin zu vermehrtem Krankenstand. Werden sie bewusst, verlassen die Mitarbeitenden in den meisten Fällen das Unternehmen und suchen sich eine andere Arbeitsstelle, die mehr Übereinstimmung mit ihrem eigenen Wertesystem bietet.

Die Beachtung der Ebene der Werte bringt für Führungskräfte wichtige Hinweise, die sie für ihre Führungsarbeit nutzen können, indem sie zum Beispiel bei Personaleinstellungen auf die Werte der zukünftigen Mitarbeitenden achten oder ein Veränderungsvorhaben in der konkreten Ausgestaltung so anpassen, dass es besser zu den Werten der Betroffenen passt. Miteinbezug der Menschen ist hierbei unerlässlich, und es darf nicht vergessen werden, dass oftmals das Ziel der Veränderung („Was?") nicht verhandelbar ist, aber die Vorgehensweise zum Ziel („Wie?") sehr wohl.

Ebene der Identität

Noch grundlegender wirkt die Identität des Einzelnen auf die bereits beschriebenen logischen Ebenen. Die Identität wird ebenfalls durch die Entwicklung seit der frühesten Kindheit geprägt und kontinuierlich durch den

Lebensweg fortgeschrieben. Sie ist die Antwort auf die Frage: "Wer bin ich?", "Was macht mich aus?" oder "Wozu gibt es mich?".

Menschen, die ihre persönliche Identität an einer Position, am Status oder am Gehalt festmachen, laufen bei Veränderungsprozessen eher Gefahr, in eine Identitätskrise zu geraten. Es ist daher sinnvoll, wenn sich die Identität am eigentlichen Wesen ausrichtet und daher etwas ist, das einem nicht einfach genommen werden kann: beispielsweise nicht "Ich bin Bereichsleiter", sondern "Ich bin eine Art Leuchtturm, der anderen Menschen gern Orientierung gibt."

Die Identität einer Person zu verändern, ist für Führungskräfte kaum möglich. Sinnvoll erscheint es daher, wenn Menschen bei Veränderungsprozessen von Anfang an einen geeigneten Platz gemäß ihrer Identität zugewiesen bekommen. Das setzt voraus, dass die Führungskräfte diese Ebene bei ihren Mitarbeitenden recht gut kennen.

Auch ist Miteinbezug der Mitarbeitenden ein zentraler Erfolgsfaktor. Dennoch ist nicht auszuschließen, dass manche Mitarbeitende ihre Konsequenzen ziehen und das Unternehmen verlassen, wenn das neue geforderte Verhalten in Konflikt zu ihrer Identität steht.

Ebene des Sinns

Diese Ebene ist wohl die wirkmächtigste in der Dilts-Pyramide. Sinn bestimmt alle darunterliegenden Ebenen, da aus dem Sinn das "Warum?" einer Tätigkeit abgeleitet wird. Als bekanntes Beispiel für unterschiedliche Motivation durch Sinnstiftung seien die drei Steinmetze auf einer Baustelle erwähnt, von denen einer lediglich Steine hämmert, der zweite dort arbeitet, um seine Familie zu ernähren, und der dritte dazu beiträgt, eine wunderschöne Kathedrale zu bauen. Letzterer hat selbst beim ersten Stein bereits das Endergebnis vor Augen, so dass er eine starke Verbindung zum Projekt hat, weil er einen Beitrag zu einem großen Ganzen leistet.

Wenn daher die Mitarbeitenden in einem Unternehmen einen Sinn in der gewünschten Veränderung sehen, dann hat dies die Kraft, alle anderen Ebenen positiv zu beeinflussen. Es braucht eine gute logische praxisnahe Darstellung über den Sinn der Veränderung, die bei vielen Gelegenheiten wiederholt kommuniziert wird.

Wie kann das Werkzeug angewandt werden?

Die Dilts-Pyramide kann als Coaching-, Planungs- und auch als Analyseinstrument verwendet werden und hilft somit, Veränderungen umfassend genug zu planen und umzusetzen. Die Gefahr, dass Veränderungsprozesse als abgeschlossen angesehen werden, wenn lediglich das entsprechende Umfeld verändert und gegebenenfalls das neue Verhalten kommuniziert wurde, kann vermieden werden. Jede Ebene gibt den Führungskräften wertvolle Hinweise, wie sie ihre Umsetzungskraft erhöhen können.

Und nicht zuletzt hilft das Werkzeug bei Veränderungsvorhaben, die ins Stocken geraten sind, den geeigneten Hebel zu finden. Wenn es Probleme auf der Verhaltensebene gibt, dann hilft es zum Beispiel zu analysieren, ob die Ursache in den darüberliegenden Ebenen beispielsweise beim Thema Fähigkeiten oder Glaubenssätzen zu finden ist. Damit werden neue Lösungsansätze aufgezeigt, anstatt mehr vom selben zu tun.

„Eine Pyramide mit Lücken“

Herr Mager ist frustriert, weil die Einführung des agilen Projektmanagements so schleppend vorankommt. Obwohl aufgrund des Verständnisses der systemischen Verbindungen die agilen Arbeitsweisen jetzt deutlich besser funktionieren, ist Herr Mager mit dem Veränderungsprozess noch immer nicht ganz zufrieden.

„Ich weiß tatsächlich nicht mehr, woran es liegen könnte“, überlegt er still vor sich hin. „Ich habe mein Team umfassend informiert, ich habe sie geschult in vielen verschiedenen agilen Methodiken. Ich habe sogar meinen „Standard-Berater“ geholt, der mir in der Qualitätssicherung gut geholfen und viele positive Ergebnisse beschert hat. Selbst meine detaillierte Arbeitsbeschreibung über das Verhalten, wie ich es mir vorstelle, hat bei meinen Mitarbeitenden keine Früchte getragen“, fasst er für sich zusammen. Und auch die merklich schwindende Motivation für das Thema ist ihm natürlich nicht verborgen geblieben.

„Wenn nichts mehr hilft, dann bleibt wie immer nur noch eines: der Blick in den MAGIC-Cycle“, murmelt er. Schon in der Einführung spürt er, dass ihm das Modell der logischen Ebenen eine wertvolle Hilfe sein könnte für seine Probleme bei der Veränderung. Herr Mager zeichnet auf dem Flipchart in seinem Büro die Dilts-Pyramide und notiert zu den einzelnen Ebenen die bisher gesetzten Maßnahmen. Flott und vielleicht ein wenig zu unreflektiert arbeitet er sich schrittweise von unten nach oben durch die verschiedenen Ebenen.

Als er jedoch bei den Glaubenssätzen angelangt ist, hört man Herrn Mager seufzen: „Verflixt, warum funktioniert jetzt dieser brandneue Flipchartstift nicht mehr?" Er nimmt daher den nächsten Stift aus der Packung, um fortzufahren, aber auch dieser und die beiden weiteren schreiben nicht. „Das muss wohl ein Produktionsfehler in dieser Charge sein", bemerkt er und macht sich auf den Weg zum Materiallager, welcher ihn durch die Büroflächen führt. Als er seine Mitarbeitenden bei der Arbeit sieht, wird ihm plötzlich bewusst, dass ihm für diese eigentlich nur sehr schwer Glaubenssätze und Werte einfallen. Als er mit einer Packung neuer Stifte in sein Büro zurückkommt wird ihm klar, dass er nur die drei unteren Ebenen wirklich betrachtet hat. Die entscheidenden Aspekte der Glaubenssätze, Werte, Identität und Sinnstiftung hat er eindeutig zu wenig berücksichtigt.

Abbildung 19: Erstkontakt mit den logischen Ebenen

„Und außerdem“, denkt er laut, „habe ich die Menschen viel zu wenig in den Veränderungsprozess miteinbezogen. Ich habe einfach den Standard- Ansatz der agilen Vorgehensweise unreflektiert übernommen. Dadurch passt die neue Art der Arbeitsweise gar nicht zu den Glaubenssätzen und Werten meiner Mitarbeitenden – daher leiden auch intrinsische Motivation und Begeisterung.“

Herr Mager beschließt folgendes: „Ich werde gemeinsam mit meinem Team das Modell der logischen Ebenen zur Analyse unserer aktuellen Situation verwenden.“ Die Analyse, die in Form von Einzelgesprächen aber auch in Workshops durchgeführt wurde, zeigt wie erwartet, dass es nicht am Umfeld oder an den Fähigkeiten der Menschen liegt. Vielmehr liegt es daran, dass viele nicht an den Standardansatz glauben und den Sinn nicht sehen.

„Wir können unser Ziel nicht aufgeben, die richtigen Produkte schneller am Markt zu platzieren“, beginnt Herr Mager den entscheidenden Workshop, „aber wir werden jetzt gemeinsam ein sinnvolles Konzept entwickeln, das zu uns passt.“ Und tatsächlich gelingt es dem Team, einen vielversprechenden Ansatz zu erarbeiten, der die Motivation des Teams steigert und auch Sicherheit erzeugt, weil Bewährtes und Gutes beibehalten werden konnten.

Hierzu wurde das Standardkonzept je nach Bedarf abgeändert. Beispielsweise wurden für das Software- und Hardware Team unterschiedliche Regeln erarbeitet. Erleichtert sagt Herr Huber, sein Teamleiter in der Hardware: „Gott sei Dank muss ich die Sprint-Reviews nicht mehr im 14-tägigen Zyklus durchführen, die vielleicht in der Softwareentwicklung Sinn machen. Bei uns in der Hardware dauert allein der Bau des Musters bereits einen Monat. Das hat mich ordentlich gestört, weil ich den Sinn nicht gesehen habe. Ich hasse es, Meetings durchzuführen, die nicht unbedingt notwendig sind.“

„Ein cooles Ding, das Modell der logischen Ebenen“, denkt sich Herr Mager. „Dadurch, dass ich alle Ebenen systematisch durchgegangen bin und ich das je nach Bedarf wiederholen kann, habe ich das Gefühl, auf alle Eventualitäten im Veränderungsprozess vorbereitet zu sein. Ach ja, und warum meine Stifte am nächsten Tag wieder einwandfrei funktioniert haben, verstehe ich bis heute nicht.“

Fünf Dysfunktionen eines Teams

Worum geht es?

Wir sind davon überzeugt, dass Teamarbeit essenziell für den Erfolg von Unternehmen in der heutigen komplexen Welt ist, da ein Einzelner immer weniger in der Lage ist, einen Sachverhalt zu durchdringen. Zusätzlich brauchen die Menschen Zugehörigkeit und wollen sich gerade in unsicheren Zeiten in einem funktionierenden Team sicher aufgehoben fühlen. Dies erhöht die Bindung an das Unternehmen und die Motivation, auch im komplexen Umfeld alles zu geben.

Obwohl der Begriff *Team* allgegenwärtig ist, sind Hochleistungs-Teams (High Performance Teams) eher selten anzutreffen. Die wenigsten von uns haben bereits die Erfahrung gemacht, Mitglied in einem solchen Team sein zu dürfen. Ausdruck dafür ist die im Deutschen häufig gebrauchte Redewendung: „TEAM = **T**oll, **e**in **a**nderer **m**acht's!" Wir bevorzugen eher die grundsätzliche Haltung, die durch eine englische Erklärung ausgedrückt wird, in der Team zu „**T**ogether **e**veryone **a**chieves **m**ore!" wird.

Aber was sind die Ursachen dafür, dass Teams nicht so wie geplant Leistung abliefern, und welche Stellschrauben hat man als Führungskraft? Patrick Lencioni hat in seinen Forschungen festgestellt, dass es fünf Hauptursachen bei mangelnder Teamarbeit gibt und nennt diese Dysfunktionen. Und er gibt Empfehlungen, wie diese zu vermeiden sind.

Wie ist das Werkzeug aufgebaut?

Oftmals werden die 5 Dysfunktionen in Form einer Pyramide angeordnet, um auszudrücken, dass eine auf der anderen aufbaut. Wir bevorzugen die Darstellung als Ursache-Wirkungskette, um dadurch zu verdeutlichen, dass die eine Dysfunktion die andere beeinflusst (siehe Abbildung 20).

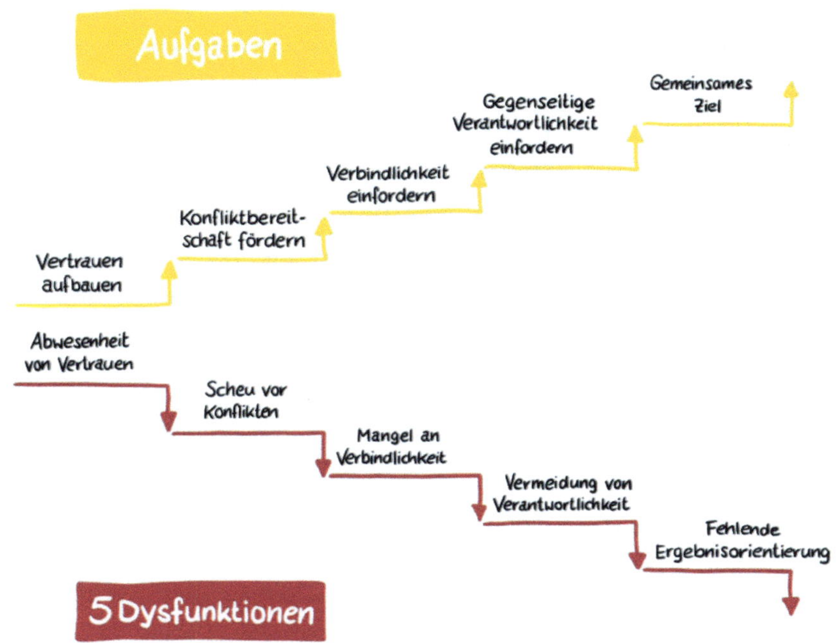

Abbildung 20: Die 5 Dysfunktionen

Abwesenheit von Vertrauen (Absence of Trust)

Grundlegend für echte Teamarbeit ist das Vertrauen im Team. Die entsprechende Dysfunktion 1 wird als „Abwesenheit von Vertrauen – Absence of Trust" bezeichnet.

Der Begriff Vertrauen ist definiert als die Bereitschaft, sich im Team verletzlich zu zeigen (vulnerability-based trust) im Unterschied zu der Art von voraussagbarem Verhalten, das sich ergibt, weil sich Menschen bereits lange und sehr gut kennen und von daher genau wissen, wie der Umgang mit einem anderen Menschen zu gestalten ist (predictive trust).

Dieser Aspekt der Verletzlichkeit spiegelt sich auch im aktuell stark gebrauchten Begriff der psychologischen Sicherheit wider. Beide Begriffe drücken aus, dass ich weiß, dass ich im Team gut aufgehoben bin, wenn ich mich äußere. Ich brauche in keiner Weise darüber nachzudenken, was ich sage, denn ich werde dafür nicht „bestraft" im Sinne von „in unangenehmer Weise kritisiert oder niedergemacht zu werden“ oder „ständig lautstark unterbrochen zu werden“. Es ist für die Teammitglieder kein Problem, zuzugeben, wenn etwas nicht gewusst wird oder wenn etwas falsch gemacht wurde.

Diese Dysfunktion wird sichtbar, wenn Teammitglieder sich nicht trauen, andere Teammitglieder um Hilfe zu bitten, da man befürchtet, sein Gesicht zu verlieren. Aus dem gleichen Grund wird auch gar nicht erst Hilfe angeboten.

Aufgabe der Führungskraft ist es, sich als erster verletzlich zu zeigen und für eine Atmosphäre zu sorgen, in welcher dieses Verhalten nicht von anderen Teammitgliedern „bestraft“ wird.

Scheu vor Konflikten (Fear of Conflicts)

Mit Konflikten sind notwendige sach-orientierte Konflikte gemeint, nämlich dass sich die Teammitglieder leidenschaftlich in Sachfragen streiten. Wir können hier von positiven oder gesunden Konflikten sprechen, die in einem echten Team notwendig sind, weil durch diesen Input an Emotionen Kreativität und Innovation erzeugt werden und damit neue Lösungen entstehen. Negative Konflikte wie etwa Mobbing oder Konflikte auf persönlicher Ebene sind in diesem Modell nicht gemeint.

Erkennen kann man diese Dysfunktion daran, dass Meetings in der Regel als langweilig empfunden werden, da sich niemand traut, Vorschläge zu hinterfragen oder eine zweite andere Meinung zu äußern. Häufig werden in dieser Situation auch die seltsamsten Vorschläge einfach ohne tiefergehende Diskussion abgenickt.

Die Aufgabe der Führungskraft ist es, alle Teammitglieder zu ermutigen, ihren Beitrag einzubringen und für eine verletzungsfreie Atmosphäre beim Ausdiskutieren von Konflikten zu sorgen.

Mangel an Verbindlichkeit (Lack of Commitment)

Echte Teamarbeit zeichnet sich durch den Einsatz jedes Einzelnen sowie durch Verbindlichkeit zum Team aus. Jeder weiß, worum es geht, kann sich auf die anderen verlassen und steht zum Team.

Damit ist bereits die Notwendigkeit geklärt, dass jeder wissen muss, „wo es lang geht". Wichtig ist also zuallererst Klarheit auch seitens der Führungskraft. Das betrifft sowohl das gemeinsame Ziel als auch einzelne Aufgaben und Deadlines. Insofern ist diese Dysfunktion 3 in erster Linie ein Problem von Orientierungslosigkeit, ist jedoch möglicherweise ebenso zurückzuführen auf zu wenig Diskussion über die aktuell eingeschlagene Richtung des Teams (Dysfunktion 2); beides ist wiederum zurückzuführen auf fehlendes Vertrauen (Dysfunktion 1).

Damit ist auch bereits die Führungsaufgabe angesprochen, nämlich für Klarheit und Orientierung zu sorgen, denn wenn sich niemand auskennt, weiß auch niemand, wozu man verbindlich sein soll.

Ein weiterer Aspekt in der dritten Dysfunktion ist die Verbindlichkeit bezüglich der jeweiligen Aufgabe – das heißt, jedes Teammitglied bekennt sich zu der Verantwortung, die eigene Aufgabe bis zum vereinbarten Termin zu bearbeiten.

Vermeidung von Verantwortlichkeit (Avoidance of Accountability)

Lencioni formuliert dazu: „We hold each other accountable." Das heißt, die Teammitglieder übernehmen ihren Teil an der Gesamtverantwortung, indem sie achtsam sind und nicht wegschauen, falls sie bemerken, dass ein Kollege in Schwierigkeiten ist. Sie wissen, dass für das übergeordnete Ziel auch das Ergebnis der Teamkollegen notwendig ist. Die englische Sprache bietet mit dem Begriff „Accountability" eine Ausdrucksmöglichkeit für die Verantwortung im Team für das Ganze, im Gegensatz zur Verantwortung in Dysfunktion 3, die ich bezüglich meiner Aufgabe übernehme („Responsibility").

Die Dysfunktion 4 beschreibt daher, dass Teammitglieder keine Verantwortung für das Gesamtziel übernehmen möchten und es beispielsweise nicht wagen, ihre Teamkollegen auf das Einhalten von Deadlines oder auf getroffene und einzuhaltende Abmachungen hinzuweisen.

In der Praxis kann es oft vorkommen, dass trotz mangelnder Verantwortlichkeit Projekte oder Aufgaben zu Ende geführt werden, weil es einige Leistungsträger gibt, die nach ihrer eigenen Arbeit noch weiter dem Team zur Verfügung stehen und über den Rahmen ihrer eigenen Ziele hinaus die anderen Teammitglieder unterstützen.

Führungsaufgabe ist es, diese Leistungsträger zu identifizieren und auch vor dem Team persönlich herauszuheben, um die anderen zu ermutigen und gleichzeitig zu verdeutlichen, dass es nicht akzeptabel ist, sich im Team auszuruhen und seine Arbeit von anderen machen zu lassen.

Fehlende Ergebnisorientierung (Inattention to Results)

Aufgabe eines Teams ist es, Ergebnisse zu erzielen, die einer allein nicht erzielen könnte. Viele Teams haben jedoch nicht den Fokus darauf, wichtige gemeinsame Ziele zu erreichen, sondern möchten einfach nur existieren, sozusagen überleben. Manchen Teammitgliedern ist es bereits ausreichend, zu einem Team dazuzugehören, gewissermaßen diesen Status erreicht zu haben.

Übertragen auf den Sport heißt das: Wenn der Wunsch fehlt, gewinnen zu wollen, dann helfen auch Vertrauen, Konfliktfähigkeit, Engagement und Verantwortung nicht!

Die Dysfunktion 5 beschreibt folgendes: Fehlt dieser Ergebnisbezug, so werden sich die Teammitglieder eigene Zielmaßstäbe suchen, was meistens mit dem Fokus auf Eigeninteressen einhergeht. Dann ist es von Bedeutung:

- Wie gut stehe ich im Vergleich zu meinen Kollegen da?
- Bin ich im Team sichtbar genug?
- Wird gute Leistung mit mir in Verbindung gebracht?

Daher ist es eine wichtige Führungsaufgabe, die gemeinsamen Ergebnisse in den Vordergrund zu stellen und den Fortschritt der Zielerreichung für jeden im Team sichtbar zu machen. Für die Fokussierung auf die gemeinsamen Ziele sind Maßstäbe notwendig, die einen Zusammenhang herstellen zwischen dem, was das Team tut und dem, wohin das Team will. Damit kann festgestellt werden, ob das Team zielführend unterwegs ist. Der finanzielle Gewinn des gesamten Unternehmens als Ziel ist zum Beispiel dazu nicht geeignet, weil es zu wenig engen Bezug zu dem Verantwortungsbereich des Teams gibt und zu dem, was das Team Tag für Tag macht.

Gleichzeitig dürfen nur solche Verhaltensweisen belohnt werden, die zur Erreichung dieser Ergebnisse beitragen. Eine wichtige Führungsaufgabe ist es, dafür zu sorgen, dass Teamergebnisse wichtiger sind als individuelle Erfolge. Belohnt wird das Team, und Anerkennung muss für diejenigen reserviert bleiben, die echte Beiträge zum Erreichen der Teamziele leisten.

Wie kann das Werkzeug angewandt werden?

Die 5 Dysfunktionen eignen sich zur Teamdiagnose, entweder in einer Selbstbewertung oder in einem moderierten Workshop. Schritt für Schritt können die verschiedenen Dysfunktionen angesprochen und analysiert werden: Welche Dysfunktionen treten bei uns auf und was können wir dagegen tun?

Das Werkzeug dient somit beispielsweise der Einschätzung des individuellen Vertrauens oder der gefühlten psychologische Sicherheit. Das Modell kann dazu verwendet werden, offene wie auch versteckte Konflikte anzusprechen und zu lösen. Ebenso lassen sich die Ursachen für hohe Fluktuation in Teams, mangelnde Verbindlichkeit oder die Ablehnung von Verantwortungsübernahme analysieren und bearbeiten.

Das Werkzeug gibt konkrete Hinweise, wie die Dysfunktionen zusammenhängen und beseitigt werden können. Damit ist dieses Modell ein sehr hilfreiches Werkzeug zur Analyse und Bildung von echten Teams, die wir im komplexen Führungsalltag so notwendig brauchen.

„Vertrauen ist besser“

Herr Mager muss feststellen, dass eines seiner agilen Teams überhaupt nicht funktioniert und das andere wiederum perfekt. Wieder greift er – fast schon in gewohnter Weise – nach seinem MAGIC-Ratgeber und stößt diesmal auf den Abschnitt über die typischen Teamprobleme. Nach der Lektüre der 5 Dysfunktionen überlegt Herr Mager zunächst für sich selbst, welche der Dysfunktionen für das problematische Team maßgeblich sein könnten. Ihm ist zu Ohren gekommen, dass unter den Teammitgliedern eine große Zurückhaltung herrscht und man sich gegenseitig eher wenig unterstützt. Die Rolle des Agile Master wurde vor ein paar Monaten neu besetzt. Herr Mager selbst konnte auch schon beobachten, dass die Meetings in diesem Team eher ruhig verliefen, und denkt bei sich: „Komisch, ich hielt das stets für ein gutes Zeichen.“

Er beschließt, seine Überlegungen vor Ort direkt zu überprüfen, als ihm noch ein anderer Gedanke kommt. Es wäre sicher gut zu wissen, warum das andere agile Team so außerordentlich gut läuft. Daraufhin lädt er die Agile Master beider Teams, Frau Sundmann und Frau Rudolf, zum Gespräch ein.

Herr Mager berichtet ihnen, welche Beobachtungen er hinsichtlich der

Performance beider Teams gemacht hat und was er über die 5 Dysfunktionen bisher verstanden hat. Während er spricht, sieht er den Agile Master des erfolgreichen Teams, Frau Rudolf, verständnislos den Kopf schütteln. Frau Rudolf sagt: „Zunächst einmal muss ich sagen, Frau Sundmann, dass es mir sehr leid tut zu hören, wie es bei Ihnen im Team läuft. In unserem Team kann ich keine einzige von diesen Dysfunktionen erkennen."

Frau Rudolf berichtet freudvoll über interessante Teammeetings, in denen sich jeder einbringt und an deren Ende jedes Mal Ergebnisse in Form von Entscheidungen stehen, die dann auch gemeinsam von allen getragen werden. Wichtig dafür scheint ihrer Meinung nach zu sein, dass jeder seine Meinung ausführen kann, auch wenn sie gegen die allgemeine Stimmung gerichtet ist, und dass diese dann von allen sehr offen diskutiert wird. „Ich muss aber auch sagen, dass ich hier wirklich viel Zeit dafür investiert habe, dass sich die Teammitglieder kennen lernen. Ich selbst habe damit begonnen, auch mal über persönliche Aspekte zu reden, um Vertrauen aufzubauen. Das nimmt die Angst, auch mal Unangenehmes anzusprechen."

Frau Sundmann entgegnet: „Ja, in der Tat ist es bei uns gerade etwas schwierig. Die Kollegen trauen sich nicht wirklich, sich gegenseitig um Hilfe zu bitten, weil sie dadurch ja irgendwie eine Schwäche zugeben und sich angreifbar machen. So kommt es wohl, dass sich jeder auf sich konzentriert und keiner das Wohl des Gesamtprojekts im Auge hat."

Herrn Mager wird schlagartig klar, wie wichtig der Vertrauensaufbau im Team ist, sowie es in den 5 Dysfunktionen beschrieben ist. "So wie es ausschaut, Frau Sundmann, müssen Sie in Ihrem Team zunächst den Fokus auf die allererste Dysfunktion legen, das Vertrauen." „Und ich weiß auch schon, was ich als erstes versuchen werde", sagt Frau Sundmann.

Beim nächsten Meeting der drei berichtet Frau Sundmann, welche Schritte sie für den Vertrauensaufbau unternommen hat. "Ich habe meine Beobachtungen mit dem Team geteilt, und die Leute sahen es tatsächlich ähnlich, ohne aber darüber zu reden. Wir haben daraufhin beschlossen, uns gegenseitig zu erzählen, was wir an den anderen Kollegen so richtig wertschätzen; dabei haben wir festgestellt, dass wir uns gar nicht so richtig kennen!" Frau Sundmann berichtet, wie sie die Teammitglieder in kleine Gruppen geteilt hat, in denen sie sich gegenseitig von sich erzählten. Am Ende konnte jeder einen Kollegen im Plenum allen anderen vorstellen. Dabei kam heraus, dass viele von ihnen Musikinstrumente spielen, an Gartenarbeit interessiert sind oder andere gemeinsame Hobbys und Interessen haben. „Dies werden wir jetzt noch ein wenig vertiefen, aber die Eigendynamik ist bereits spürbar: Alle sind überrascht, wie gut es tut, ein wenig mehr voneinander zu erfahren und auch von sich zu erzählen, wenn man es denn gut aufgehoben weiß. Es liegt auf jeden Fall bereits ein Treffen in der Luft, das die Tischtennisfans gerade organisieren", erzählt Frau Sundmann, „und das mit einem gemeinsamen Grillabend beschlossen werden soll."

Abbildung 21: Der Grillabend schlägt ein

Herr Mager ist sehr zufrieden mit diesen ersten Schritten und freut sich auf die kommenden Austauschmeetings mit den beiden. Des Weiteren wird der folgende Grillabend ein voller Erfolg: die nette Location, die lockere Atmosphäre und die fast schon magisch guten Grillspezialitäten lassen viele noch lange davon schwärmen.

Archetypen des situativen Führens

Worum geht es?

Komplexität wird unter anderem durch eine hohe Systemdynamik ausgelöst, die es weitgehend unmöglich macht, mit einem Standardkonzept erfolgreich zu sein. Vielmehr müssen Führungskräfte sehr wachsam die Eigenwirksamkeit beobachten und reflektieren. Ein aktives Nachsteuern durch die Führungskraft ist erforderlich, ohne aber gleichzeitig vom Team oder den Kollegen als sprunghaft oder nicht authentisch wahrgenommen zu werden.

Das Modell der Archetypen des situativen Führens stellt für diese Herausforderung einen guten Handlungsrahmen dar, indem es sich dreier Führungspersönlichkeiten (Experte – Conductor – People Developer) sowie deren Mischformen bedient. Führungskräfte können es daher hervorragend als Selbstreflexionsinstrument zum Ableiten von Veränderungen des eigenen Verhaltens – gegebenenfalls sogar gemeinsam mit dem Team - verwenden.

Wie ist das Werkzeug aufgebaut?

Das Werkzeug hat eine Dreiecksform, an dessen Ecken jeweils ein Führungsarchetyp sitzt, der die Reinform desselben darstellt (siehe Abbildung 22).

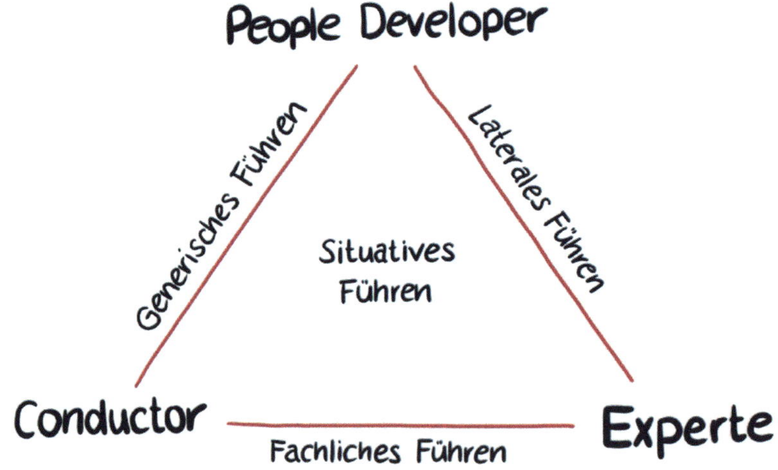

Abbildung 22: Archetypen des situativen Führens

Sobald man sich von den Ecken wegbewegt, beginnen Aspekte aus weiteren Archetypen wirksam zu werden. Es bildet somit ein System von Antagonisten aus. Genauso wie im menschlichen Körper nur ein geschmeidiges Zusammenspiel der muskulären Antagonisten zu Hochleistungen führt, liegt auch in diesem Modell die Kraft vor allem in einer an die jeweilige Situation optimal angepassten Mischform.

Die drei an den Ecken sitzenden Rollenarchetypen sind die des „Experten", des „Conductors" und des „People Developers".

Der Experte zeichnet sich dadurch aus, dass er aufgrund des umfassenden Fachwissens als Problemlöser geschätzt wird. Oftmals werden Teammitglieder aufgrund dieser Kompetenz zur Führungskraft befördert, was aber ohne gezielte Entwicklungsmaßnahmen nicht selten zu einer geringeren Ausprägung in den beiden anderen Archetypen führt. Es kommt zu einer „Variantenverarmung" des Verhaltens beziehungsweise zu einer wenig personenbezogenen Führung. Eine weitere Schwachstelle ist auf Dauer die Limitierung der Lernentwicklung des direkten Teams, da der Experte aufgrund des Wissensabfalls zum Team immer alles Wesentliche bei sich behält. Nicht selten wird dadurch der reine Experte selbst zum Engpass und läuft somit Gefahr, in eine Überarbeitungssituation zu geraten (Micromanagement). Richtig freudvolle Arbeit fängt für den Experten da an, wo er endlich ungestört Probleme lösen kann.

Der Conductor ist der zentrale Entscheidungsträger, das Nervensystem beziehungsweise der Koordinator im System. Seine Stärke liegt im Verteilen und in der Zusammenführung von vielen unterschiedlichen Aufgaben- oder Organisationsteilen zu einem sinnvollen Ganzen. Dazu kann er auch subtile Steuerungsmaßnahmen ergreifen oder durchaus auch manipulativ tätig werden. Seine Verantwortungsgrenze laut seiner Position im Organigramm hindert ihn nicht daran, auch weit darüber hinaus aktiv zu werden, wenn es der Sache dienlich ist.

Auch er ist nicht immer geduldig genug, Zeit für die Entwicklung der Mitarbeitenden zu geben und fördert diese auch nicht systematisch. Oftmals bedient sich der Conductor Systemen und Prozessen, um die Arbeit seines Teams zu kontrollieren und damit auch Leistungsdruck zu erzeugen. Er selbst ist außerdem sehr leistungsbereit und fordert das auch von seinem Team.

Die freudvollste Arbeit ist für ihn die Koordination von Organisationseinheiten und Menschen.

Der People Developer ist der einzige Archetyp, welcher eine sogenannte „post-heroische“ Vorgehensweise pflegt. In seinem Zentrum steht die Entwicklung eines Hochleistungsteams, indem er sich und das Team gemeinsam für den Erfolg verantwortlich sieht. Damit ist jedes Problem gleichzeitig eine Möglichkeit, die Fähigkeiten und das Commitment der Beteiligten weiterzuentwickeln. Ein starkes Team mit hoher Verantwortungsübernahme ermöglicht es dem People Developer aber auch, seine Zeit vor allem für strategisch wichtige Themen zu verwenden. In der Reinform kann man dem People Developer aber auch Führungsschwäche vorwerfen, weil er es beinahe für verwerflich hält, selbst zu entscheiden. Seine Lieblingstätigkeit ist klarerweise die Weiterentwicklung von Menschen und deren Fähigkeiten.

Der People Developer bedient sich typischerweise Coaching-Techniken, um seine Mitarbeitenden weiterzuentwickeln. Coaching bedeutet ja, einen wertschätzenden Dialog auf Augenhöhe zu führen mit der Einstellung, dass das Gegenüber (der Coachee) alle Ressourcen zur Verfügung hat, um das Problem selbst zu lösen. Der Coach wird somit tunlichst keine eigenen Vorschläge zur Problemlösung machen, sondern durch geeignete Fragen, den Coachee zum Nachdenken bringen, damit dieser selbst die Lösung findet.

An den Dreieckskanten ergeben sich im Modell Mischausprägungen zwischen jeweils zwei Archetypen:

- Experte + Conductor: Fachliches Führen (ohne menschlichen Entwicklungsfokus)
- Experte + People Developer: Laterales Führen (ohne Entscheidungskompetenz)
- Conductor + People Developer: Generisches Führen (ohne Fachkompetenz)

Dieses Modell ist im komplexen Umfeld deshalb so wertvoll, weil es die Wichtigkeit des People Developer unterstreicht. Nur dieser Archetyp ist geeignet, Menschen weiterzuentwickeln, Aufgaben zu delegieren und damit sicherzustellen, dass alle mithelfen, die Komplexität zu beherrschen. Gleichzeit spielt die damit einhergehende Delegationsmöglichkeit wertvolle Zeit für

Führungskräfte frei, die für strategische Aspekte genutzt werden kann und sicherstellt, dass Führungskräfte nicht in die Überlast geraten.

Wie kann das Werkzeug angewandt werden?

Wie bereits erwähnt, ist es selten, dass sich Führungskräfte in ihrer Ausprägung auf einer Reinform befinden, sondern immer in einer mehr oder weniger ausgeprägten Mischform. Das Modell kann daher im Wesentlichen drei Hilfestellungen geben:

1. Istzustandsanalyse: Wie schaut mein aktuelles Archetypenspektrum als Führungskraft aus?
2. Möglichkeitsanalyse: Inwieweit fühle ich mich in der Lage, einen ganz gegensätzlichen Archetyp authentisch auszufüllen? Wo muss ich mich daher weiterentwickeln?
3. Sollfestlegung: In welche Richtung möchte ich mich gezielt weiterentwickeln, um meine Wirksamkeit als Führungskraft zu erhöhen?

Das kann im Rahmen der Selbstreflektion stattfinden, durch einen Coach begleitet werden oder bei bereits bestehender Vertrauensbasis mit dem Team gemeinsam besprochen werden.

Bei vielen Führungskräften reift bei der Beschäftigung mit den Archetypen des situativen Führens die Erkenntnis, dass sie sich im Bereich People Development und Delegation weiterentwickeln wollen. Hier steht mit dem Delegation Poker ein einfaches Werkzeug zur praktischen Umsetzung zur Verfügung. Im Zentrum steht dabei der richtige Grad der Delegation von vorher festgelegten Aufgaben – übersetzt ins Modell bedeutet das die richtige Mischform zwischen People Developer auf der einen Seite, und den beiden fach- und aufgabenorientierten Archetypen auf der anderen Seite.

Beim Delegation Poker handelt es sich um ein sehr einfaches Kartenspiel, welches sieben Stufen oder Grade der Delegation unterscheidet. Stufe 1 entspricht hierbei einem zentralen „Command and Control“ Stil, also einer „Alleinherrschaft“ durch die Führungskraft. Mitarbeitende werden in die Entscheidung nicht eingebunden und erfahren das Ergebnis per Anweisung. Stufe 2 bedeutet „Selling“, das heißt, die Entscheidung wird noch immer durch die Führungskraft allein getroffen, allerdings erfolgt bei der

Aufgabenweitergabe eine Erklärung von Sinn und Zweck. In Stufe 3 gibt es bereits während der Entscheidungsfindung eine Einbindung des Teams als beratende Funktion. In Stufe 4 wird versucht, eine gemeinsame konsensuale Entscheidung zu treffen, und ab Stufe 5 liegt die Entscheidung bereits in den Händen des Teams. Die Führungskraft ist aber noch Teil des Vorgehens und steuert Ratschläge und Meinungen bei. Stufe 6 bedeutet, dass nach erfolgter Entscheidung durch das Team die Führungskraft sich bezüglich des Ergebnisses erkundigt. Stufe 7 stellt schlussendlich eine vollständige Delegation dar, - das Team entscheidet autonom ohne jegliche Einbindung der Führungskraft.

Der besondere Aspekt des Delegation Poker liegt aber in der spielerischen Art der Umsetzung: Jede Partei erhält zunächst einen Satz dieser sieben Karten, um dann ein klar abgegrenztes Delegationsthema festzulegen. Jede Partei (Führungskraft, Team) macht sich nun individuell Gedanken, was der richtige Grad der Delegation für dieses Thema ist, und legt die entsprechende Karte verdeckt auf den Tisch. Wenn beide Parteien diesen Spielzug gemacht haben, werden die Karten aufgedeckt und das Ergebnis besprochen. Wenn die Karten gleich sind, wird dementsprechend gehandelt. Wenn sich Unterschiede ergeben, werden die Beweggründe dafür transparent gemacht und damit Verständnis für die andere Position hergestellt. Danach erfolgt eine weitere Runde des Pokerns, um die neuen Informationen in diesen Spielzug einfließen lassen zu können. Das Spiel ist zu Ende, wenn beide Parteien die gleiche Karte auf den Tisch legen oder wenn die nachfolgende Aussprache zur gleichen Auffassung führt.

„Ohne Pokerface zum Jackpot“

Herr Mager wird in seiner Rolle vor allem durch seine zunehmende Fachexpertise immer erfolgreicher. „Ich merke immer mehr, dass mich meine Mitarbeitenden wirklich brauchen“, denkt er sich voller Stolz. Allerdings läuft er dadurch mehr und mehr in die Überlast. Er merkt langsam, dass ihm alles über den Kopf wächst. Er verbringt zu viel Zeit im Büro, sodass er wieder mal einen privaten Termin versäumt hat, was die Spannung in seiner Familie weiter verschärft. Nach einer Krisensituation daheim kommt er zur Erkenntnis, dass der Preis, die Komplexität allein tragen und beherrschen zu wollen, einfach zu hoch ist.

Er beginnt, sich zunächst einen Freiraum in seinem Kalender zu schaffen, wo er seine Ist- und Soll-Situation mithilfe der Archetypen des situativen Führens reflektiert. „Unglaublich" platzt es aus ihm heraus, „ich habe die Rolle des People Developer so gut wie komplett vernachlässigt und viel zu wenig Zeit dafür investiert, meine Mitarbeitenden zu entwickeln. Stattdessen habe ich über weite Strecke deren Jobs übernommen. Also diesen Delegation Poker werde ich gleich mal ausprobieren."

Abbildung 23: Der erste Delegation Poker mit dem Team

Er wählt dazu ein erstes kleines Thema für das nächste Teammeeting aus. Das kommt beim Team sehr gut an: Endlich fühlt man sich gehört und ernst genommen. Man ist auch zur Freude von Herrn Mager für eine weitgehende Aufgaben- und Verantwortungsübernahme mehr als bereit. Endlich bekommen die Mitarbeitenden ganzheitliche Aufgaben übertragen und können eigenverantwortlich arbeiten.

Durch die dadurch zunehmende Fokussierung auf die richtigen Schwerpunkte wird Herr Mager effektiver in seiner Führungsarbeit und durch die Reduktion seiner persönlichen Belastung ein echter Motivationsbringer. Als er einige Tage darauf mit guter Laune ohne Kollateralschäden und schlechtem Gewissen frühzeitig das Büro verlässt, um die Zaubershow der Schulklasse seiner Tochter zu besuchen und dort von seiner Familie freudig überrascht empfangen wird, weiß er, dass er auf dem richtigen Weg ist. Daher verfolgt er umso gelöster die erstaunlich geschickten Tricks der Schülerinnen und Schüler. Beeindruckt denkt er sich: „Ob das wohl an meiner guten Laune liegt oder doch am wochenlangen Training der Kinder mit dem bereitgestellten Profimagier?“

Führungskompass

Worum geht es?

Jeder kennt das vermutlich aus der eigenen Praxis: Man nimmt sich Veränderungen vor, aber dann wird man vom Alltag eingeholt und die geplanten Maßnahmen werden nicht oder nur kaum umgesetzt. Manchmal verliert man auch den Überblick über all die Dinge, die geplant waren und auch das logische Zusammenspiel der verschiedenen Aspekte geht verloren. Damit ist auch eine sinnvolle Priorisierung nicht möglich. Es fehlt an Orientierung für sich selbst und auch für die Mitarbeitenden. Manchmal wird auch aufgrund der Fülle an Ideen vergessen, worum es bei Führung im Kern geht: einen wesentlichen Beitrag dazu zu leisten, dass die eigene Organisation erfolgreicher wird.

Hier kann der Führungskompass sehr hilfreich sein, der gedacht ist

- als persönliches Steuerinstrument mitsamt den eigenen Führungsaufgaben,
- für die Kommunikation an die Menschen, mit denen wir zusammenarbeiten,
- für die Präzisierung des eigenen Beitrags als Führungskraft,
- für die persönliche Weiterentwicklung.

Durch regelmäßigen und iterativen Umgang mit dem Führungskompass wird dieser Teil der eigenen Grundhaltung gewissermaßen zu einer neuen Gewohnheit und damit ein Pfeiler für das Fundament des täglichen Handelns. Man kann den Führungskompass auch als Navigationsinstrument verstehen, das insbesondere in stürmischen Zeiten für Orientierung und Motivation sorgt.

Die besondere Stärke des Führungskompasses besteht darin, den kontinuierlichen Lernprozess bezüglich Führung zu unterstützen – wir sind im MAGIC-Cycle in der Continue-Phase.

Wie ist das Werkzeug aufgebaut?

Der Führungskompass besteht aus zusammenhängenden Feldern, die in einer Logik angeordnet sind und durch die man durch Fragen geführt wird (siehe Abbildung 24).

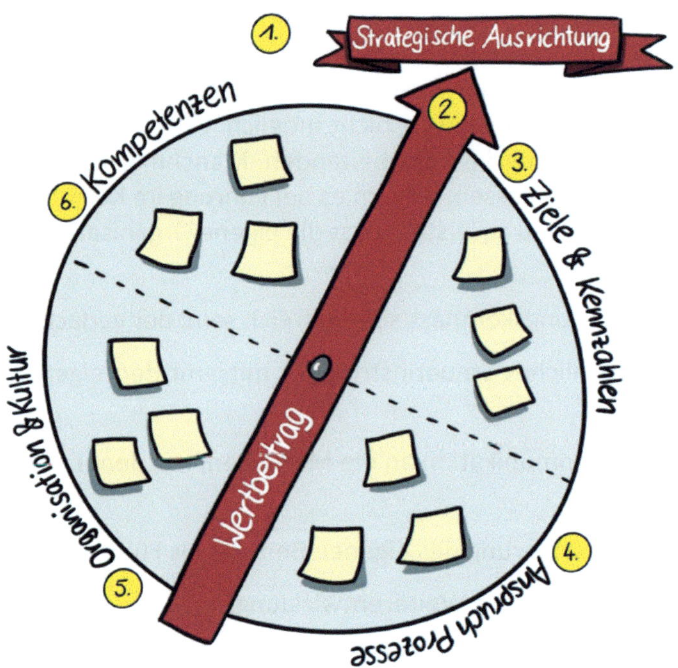

Abbildung 24: Der Führungskompass

Im ersten Schritt wird die strategische Ausrichtung des Unternehmens oder der zu führenden Organisationseinheit festgelegt. Es geht hier um die Beantwortung von Zukunftsfragen wie etwa nach den langfristigen Zielen oder dem Zusammenspiel eigener Ziele mit jenen der übergeordneten Einheiten. Dies ist sozusagen die Ausrichtung „nach Norden".

Im zweiten Schritt geht es darum, die festgelegte Strategie durch die Optimierung des eigenen Wertbeitrags und des Teams zu erreichen. Dabei gilt es Antworten zu finden, für welche Leistungen der eigene Bereich zuständig ist, wer der Kunde ist, welche Anforderungen dieser an die Organisationseinheit stellt und welchen Nutzen er durch den Wertbeitrag hat. Der Wertbeitrag wird durch die Kompassnadel symbolisiert.

Auf die Kompassnadel wirken verschiedene Momente, die so austariert werden müssen, dass die Ausrichtung im Sinne der Strategie sichergestellt ist und die Richtung beibehalten wird. Diese Aspekte gilt es als Führungskraft entsprechend zu gestalten.

Dazu wird im dritten Schritt das angestrebte Ergebnis näher beschrieben und in Form von Zielen und Kennzahlen quantifiziert. Man stellt sich die Frage, was genau die Exzellenz von Ergebnissen charakterisiert und wie die erzielten Ergebnisse messbar gemacht werden können.

Schritt vier beschreibt den Anspruch an die Prozesse, in dem die Führungskraft zuerst ihre eigenen Ambitionen definiert. Fragen, die es in diesem Zusammenhang zu beantworten gilt, sind etwa:

- „Was muss erfüllt sein, damit ich selbst mit den Prozessen zufrieden bin?“
- „Wofür stehe ich als Führungskraft und welche Vorbildrolle möchte ich einnehmen?“
- „Was kann ich tun, um Verbesserungspotentiale in den Prozessen zu erkennen und zu beheben?“

Danach erfolgt in Schritt fünf die Ableitung der notwendigen Maßnahmen in Bezug auf Organisation, Teamkultur und Zusammenarbeit. Dabei gilt es zu klären, wie man die Organisation an die zukünftigen Aufgaben und Prozesse anpassen kann, welche Rollen im Team benötigt werden, um optimal ans Ziel zu gelangen, und wie die Zusammenarbeit verbessert werden kann.

Letztendlich stellt sich die Frage nach den notwendigen individuellen Kompetenzen in der eigenen Organisation. Und wieder beginnt man bei sich selbst und überlegt, an welchen Führungskompetenzen man zukünftig arbeiten möchte. Danach stellt sich die Frage, wie der Aufbau von Kompetenzen der Mitarbeitenden gestaltet werden soll. In diesem Zusammenhang sollte auch die systematische Erfassung von vorhandenen Schlüsselpositionen im Bereich stattfinden und wie für diese mittels entsprechenden

Kompetenzaufbaus eine langfristige strategische Nachfolgeplanung gestaltet werden kann.

Nur die letzten beiden Schritte sind Führungsaspekte im engeren Sinn, aber genau darin liegt die Stärke des Führungskompasses: dass Führung nämlich eine integrierte Aufgabe darstellt, um die Ziele einer Organisation zu erreichenden und nicht isoliert als Handlungsanleitung für einzelne Personen zu betrachten ist.

Wie kann das Werkzeug angewandt werden?

Die Inhalte im Führungskompass sind hochgradig individuell. Die jeweilige Führungskraft als Urheber, Autor und Eigner beschreibt darin, wie aus ihrer Sicht das Ergebnis ihres Verantwortungsbereichs aussieht, wie es entstehen soll und was dazu verändert oder vertieft werden muss. Damit wird der Führungskraft die diesbezügliche Gesamtaufgabe nochmals klarer bewusst, wodurch sich Verbindlichkeit und der Mut zur Verantwortungsübernahme bei ihr verstärken.

Jeder Führungskompass sollte stets auf aktuellem Stand gehalten werden. Wie bei jedem anderen Navigationsinstrument auch ist es ratsam, von Zeit zu Zeit den Kompass zu kalibrieren. Nur dann kann er den Führungskräften zeigen, ob eine Veränderung erforderlich ist. Dadurch erzeugt der Führungskompass Transparenz und ermöglicht den Abgleich von gegenseitigen Erwartungen mit den angrenzenden Bereichen, den hierarchischen Ebenen sowie im eigenen Team.

Bei Führungskräftetrainings hat es sich bewährt, dass im Zuge der Ausbildung jeder Absolvent seinen eigenen Führungskompass erstellt und diesen im Sinne eines 360 Grad Feedbacks mit seinem Vorgesetzten sowie mit seinen Mitarbeitenden und Kollegen diskutiert. Speziell ist es wichtig, dem Entwicklungsprozess des Führungskompasses die notwendige Zeit einzuräumen. Anleitung, vertrauensvoller Austausch mit Kollegen und individuelles Coaching sind dabei von großer Bedeutung, da die Eigenperspektive durch Fremdsichten ergänzt und damit tragfähig wird.

Der Führungskompass kann auch ideal bei der Auswahl von Mitarbeitenden verwendet werden. Schließlich bringt er das Werteverständnis bzw. den Anspruch an die Mitarbeitenden auf den Punkt und Neueinsteiger können sofort entscheiden, ob sie sich in der Lage fühlen und auch die notwendige Motivation aufbringen, diese Anforderungen zu erfüllen.

„Herr Mager wird zum Magier“

Herr Mager ist erfolgreich in seinem Job. Die Durchlaufzeit in der Entwicklung konnte er gemeinsam mit seinem Team signifikant verkürzen, die Produkte kommen gut bei den Kunden an und auch seine Chefin ist sehr zufrieden.

Er sprüht förmlich vor neuen Ideen und pusht seine Mitarbeitenden immer wieder, indem er sie motiviert, mehr und mehr Ideen einzubringen. In letzter Zeit hat er aber verstärkt Feedback erhalten, dass seine Mitarbeitenden das große Ganze aus den Augen verloren hatten. Immer wieder gibt es Fragen wie „passt denn diese Maßnahme zu den anderen Maßnahmen?“, „bringt es denn was, wenn wir das auch noch angehen?“ oder „ist das überhaupt unser Job in der Entwicklungsabteilung?“.

Es scheint so, dass sein Team den Wald vor lauter Bäumen nicht mehr sieht und der Sinn für das Wesentliche verloren gegangen ist. „Ich bräuchte einen Gesamtüberblick über alle unsere Aktivitäten, der auch aufzeigt, wie unsere Aktivitäten zusammenhängen und die Wirkung demonstriert“, denkt sich Herr Mager und wie selbstverständlich schlägt er sein MAGIC-Buch dieses Mal ganz hinten auf. Sofort fällt sein Blick auf den Führungskompass und er ist begeistert: Das ist genau das, was ihm gefehlt hat.

Gemeinsam mit dem Team organisiert er einen Workshop, in dem gemeinsam der Führungskompass auf einer Pinwand mit Klebenotizen erarbeitet wird. Am Ende des Workshops sind alle zufrieden. „Endlich haben wir ein Gesamtbild unserer Aktivitäten erarbeitet und haben uns auch der wichtigen Frage gestellt: Was ist unser Wertbeitrag, wer sind unsere Kunden und wie werden wir den Erfolg messen?“

Die Teammitglieder vereinbaren, dass sie sich einmal pro Monat vor dem Führungskompass versammeln und darüber reden, ob eine Anpassung notwendig ist. Immer öfter versammeln sie sich sogar spontan vor dem Führungskompass, um neue Ideen zu diskutieren und zu überprüfen, wie diese in das Gesamtbild passen.

Herr Mager ist richtig glücklich, weil er jetzt auch noch ein Instrument gefunden hat, welches das kontinuierliche Dranbleiben und Lernen ermöglicht.

Abbildung 25: Der Führungskompass gibt den Überblick

Insgesamt fühlt sich Herr Mager als Führungskraft viel besser vorbereitet auf die zahlreichen Herausforderungen und erlebt immer öfters magische Momente, wo er fast wie von Zauberhand seine Vorstellungen realisieren kann. „Es ist fast so, als ob ich mich von Mager zu einem Magier weiterentwickelt habe", scherzt Herr Mager mit sich selbst. „Und vielleicht waren meine Vorfahren ja tatsächlich Magier und das „i" im Namen ist irgendwann mal verloren gegangen", kommt Herrn Mager ein wohl zu abwegiger Gedanke. Aber eines weiß er sicher: Die Anwendung von Führungswerkzeugen lohnt sich: **„It´s a kind of MAGIC.**"

Ende

Literatur

Ikigai

Ken Mogi: Ikigai: Die japanische Lebenskunst. 11. Auflage 2022, DuMont Verlag, Köln, Deutschland.

Dramadreieck

Stephen B. Karpman (1968): *Fairy tales and script drama analysis.* In: Transactional Analysis Bulletin 7 (26), S. 39–43.

Cynefin-Framework

David J. Snowden, Mary E. Boone: *A Leader´s Framework for Decision Making*, November 2007, Harvard Business Review Articles.

Systemische Verbindungsanalyse

Kambiz Poostchi: *Der Sinn für das Ganze – von der fragmentierten Gegenwart zur systemischen Zukunft*, 2. Auflage 2023, OSYSPublishing, Austria.

KISS-Modell

"Keep it simple, stupid" von Lockheed-Ingenieur Clarence „Kelly" Johnson wohl in den 1950ern formuliert.

Adaptives Entscheidungsmodell

Michael Jantzer, Godehard Nentwig, Christine Deininger, Thomas Michl: Die Kunst, eine Produktentwicklung zu führen, 1. Auflage 2019, Springer Vieweg Verlag, Deutschland, S. 109ff.

Modell der logischen Ebenen

Robert B. Dilts: *A Brief History of the Logical Levels*, 2014.

http://www.nlpu.com/Articles/LevelsSummary.htm

5 Dysfunktionen

Patrick M. Lencioni: *Die 5 Dysfunktionen eines Teams*, 1. Auflage 2014, Wiley-VCH Verlag, Weinheim, Deutschland.

Archetypen des situativen Führens

David L. Bradford, Alan R. Cohen: *Managing for Excellence*, 1. Auflage 2009, Wiley.

Führungskompass

Gernot Freisinger, Oliver Jöbstl, Bernd Kögler, Jürgen Lipp, Manfred Strohrmann (2022): Die digitale Transformation des Qualitätsmanagements, Hanser Verlag, Seite 412 ff.

Abbildungsverzeichnis

Über die Autoren

Dr. Dipl.-Ing. Jürgen Gamweger
Geschäftsführer der successfactory management coaching GmbH

Jürgen Gamweger absolvierte das Studium Gesteinshüttenwesen der Montanuniversität Leoben und dissertierte am Institut für Wirtschafts- und Betriebswissenschaften in den Schwerpunkten strategisches Management und kontinuierliche Verbesserung. Er ist Mitgründer der successfactory management coaching gmbH in Leoben und berät seit 2000 Industrieunternehmen unter anderem in den Bereichen Digitalisierung, Agile Transformation, Führung, Organisationsentwicklung und Prozessoptimierung.

Dr. Dipl.-Ing. Oliver Jöbstl
Geschäftsführer der successfactory management coaching GmbH

Oliver Jöbstl absolvierte das Studium der Werkstoffwissenschaften der Montanuniversität Leoben und dissertierte am Institut für Wirtschafts- und Betriebswissenschaften in den Themengebieten Qualitätsmanagement und Anlagenwirtschaft. Er ist Mitgründer der successfactory management coaching gmbH in Leoben und berät seit 2000 Industrieunternehmen unter anderem in den Bereichen Führung, Qualitätsmanagement, Machine Learning und künstliche Intelligenz in industriellen Anwendungen.

Prof. Dr.-Ing. Björn Ludwig
Geschäftsführer successfactory leadership gmbh

Bjørn Ludwig ist Ingenieur der Verfahrenstechnik, promovierte am Institut für Technische Mechanik der TU Clausthal zum Thema Technikfolgenabschätzung und habilitierte sich dort im Fachgebiet Systemtechnik. Berufliche Stationen waren Forschungsinstitutionen wie die DLR, TU Clausthal, Uni Bremen, Führungspositionen in der IT-Branche sowie im Zukunftszentrum Tirol. Der Prozess- und Systemdenker lebt, denkt, lehrt und arbeitet auf den Schnittstellen zwischen Technik, Wissenschaft, Wirtschaft und Gesellschaft. Seine Schwerpunkte sind systemisches Leadership und ganzheitliche Zukunftsorientierung. Seit 1997 berät er Unternehmen zum Thema Managementsysteme (von Qualität, über Wissen bis Sicherheit) und seit 2013 berät, trainiert und coacht er weltweit Führungskräfte zum Thema Leadership. Seit 2020 ist er Geschäftsführer der successfactory leadership gmbh.

Dr. Dipl.-Ing. Thomas Schneeberger
Geschäftsführer successfactory business solutions gmbh

Thomas Schneeberger absolvierte das Studium „Industriellen Umweltschutz" mit Schwerpunkt „Entsorgungs- und Deponietechnik" an der Montanuniversität Leoben und dissertierte am Institut für Wirtschafts- und Betriebswissenschaften im Themengebiet „Generic Management". Nach 20 Jahren in der Stahlindustrie, wo er verschiedene Managementpositionen in den Bereichen „Business Development und Transformationen" innehatte, ist er seit Januar 2022 Geschäftsführer und Mitgründer der successfactory business solutions gmbH in Düsseldorf und berät schwerpunktmäßig Unternehmen der Stahl- und Metallindustrie unter anderem in den Bereichen „Geschäftsprozessoptimierung, IT-Transformation und künstliche Intelligenz in industriellen Anwendungen."